AMRA

Marlies Pante

Das Große ERWACHEN

Heilungsbuch der Arcturianer

AMRA

Besuchen Sie unseren Shop:
www.AmraVerlag.de

Ihre 80-Minuten-Gratis-CD erwartet Sie.
Unser Geschenk an Sie … einfach anfordern!

Eine Originalausgabe im AMRA Verlag
Auf der Reitbahn 8, D-63452 Hanau
Hotline: +49 (0) 61 81 – 18 93 92
Service: Info@AmraVerlag.de

Herausgeber & Lektor	Michael Nagula
Einbandgestaltung	Guter Punkt
Layout & Satz	Birgit Letsch
Druck	CPI books GmbH

ISBN Printausgabe 978-3-95447-468-4
ISBN eBook 978-3-95447-469-1

Ebenfalls von Marlies Pante bei uns erhältlich:
Reine Liebe erwartet Dich! Botschaften vom Arcturus
No Limits! Willkommen in der Schöpferkraft. Mit Übungen
Der Himmel auf Erden. Die Hathoren über die Lage der Welt

Die hier vorgestellten Informationen, Ratschläge und Übungen sind natürlich subjektiv. Sie wurden zwar nach bestem Wissen und Gewissen geprüft, dennoch übernehmen Verfasser und Verlag keinerlei Haftung für Schäden gleich welcher Art, die sich direkt oder indirekt aus dem Gebrauch der Informationen, Tipps, Ratschläge oder Übungen ergeben. Im Zweifelsfall sollte ärztlicher Rat eingeholt werden.

Inhalt

Du kannst nicht *nicht* erwachen.
Du kannst es *nicht* falsch machen.
Du musst *nichts* dafür tun.

~ … ~

Für meinen Bruder Holger

Vorwort des Mediums

Nachdem ich das Manuskript des vorliegenden Buches meinem Verleger vorgelegt hatte, bat er mich, dafür noch ein Vorwort zu schreiben. Wenn Sie bereits andere Bücher von mir gelesen haben, wissen Sie, dass ich keine Freundin von Vorwörtern bin. Meist lese ich sie selbst nicht, weil ich lieber schnell mit dem eigentlichen Text anfangen möchte. Alles, was die Leserin oder der Leser wissen muss, dachte ich, schreibt man doch in das Hauptbuch. Das fiel mir jedoch erst wieder ein, nachdem ich zugesagt hatte, zur Ergänzung des Buches ein solches Vorwort zu schreiben.

Und nun sitzen wir hier. Ich, die jetzt ein Vorwort schreiben wird (hoffentlich), und Sie, die gespannt diesen Worten folgen, um zu sehen, ob es sich auch gelohnt haben wird, mit dem Lesen des Vorworts überhaupt anzufangen …

~ … ~

Ich glaube, es waren die Jahre 2006 bis 2011, in denen mir immer wieder, sobald ich abends die Augen schloss,

Pyramiden und Formen aus Licht erschienen. Es waren wunderschöne geometrische Formen in kräftigen leuchtenden Farben, die ich niemals zuvor gesehen hatte. Es war, als schwebten sie im Universum, und als ginge eine starke Kraft von ihnen aus. Es schien, als hätten diese Figuren Botschaften für uns.

Ich genoss diese Erscheinungen, ich freute mich sogar schon tagsüber darauf. In Gegenwart dieser räumlichen Figuren fühlte ich mich geborgen, angekommen, mit Licht durchflutet und auf wundersame Weise behütet. Es war, als hätte ich mich schon immer so gefühlt und als wären diese Figuren lebendig.

Morgens wachte ich mit einer enormen Kraft und inneren Stärke auf. Ich fühlte mich geliebt, lichtdurchflutet, und es schien, als würde auf einmal alles Sinn ergeben. Und schließlich, beim Ella-Kensington-Stammtisch in Dortmund, erzählte ich einer Freundin von diesen Erscheinungen. Sie meinte, dass sich das alles sehr nach den Arcturianern anhöre.

Ich hatte noch nie von den Arcturianern gehört und fragte sie, wer das sei. Sie erzählte mir, dass die Arcturianer christliche Außerirdische seien.

Ich war geschockt. Was sollte das sein? Außerirdische, die Jesus kannten? Irgendwelche Wesen, die aus Versehen nicht in der Bibel erwähnt worden sind? War Jesus ein Außerirdischer, oder woher kannten sie ihn? Wieso nannte man sie christlich? Und wieso sollten sie mir solche geometrischen Figuren senden?

Ich war enttäuscht, wütend, ärgerlich und unzufrieden. Auf einmal standen meine nächtlichen Erscheinungen in einem Zusammenhang, der mir möglicherweise nicht gefallen könnte.

Doch so sehr ich mich auch bemühte, ihre Informationen zu vergessen, um diese Erscheinungen einfach nur wieder genießen zu können, so wenig ließ mich die Aussage meiner Freundin mehr los.

Dadurch kam es, dass ich mich über die Arcturianer informierte. Ich las und googelte alles, was ich zu der Zeit finden konnte.

Ich erfuhr, dass die Arcturianer Lichtwesen der neunten Dimension sind. Das ist die Ebene des kollektiven Bewusstseins von Planeten, Sternensystemen, Galaxien und Dimensionen.

Der Planet Arcturus, erfuhr ich, ist vierzig Lichtjahre von der Erde entfernt und der hellste Stern in der nördlichen Hemisphäre. Er ist fünfundzwanzig Mal größer als die Sonne und hundert Mal heller, und die Bewohner des Arcturus sind eine sehr hoch entwickelte spirituelle und technisch-fortgeschrittene Zivilisation.

Viele von ihnen leben in Raumschiffen, einige davon ganz nahe an der Erde, andere vor dem Mond und wieder andere weit von uns entfernt.

Ich las, dass Arcturus der Planet der Heiler sei, dass alle Heiler hier auf der Erde mehrere Inkarnationen auf Arcturus verbracht hatten und das Wissen des Heilens noch in ihren Zellen gespeichert ist.

Die Arcturianer haben einen Lichtauftrag: Sie sollen die Erde und uns Menschen bei unserem Aufstieg in die fünfte Dimension unterstützen, so dass wir ein höheres Bewusstsein und leichtere Schwingungsebenen erreichen können.

Ihre Aufgabe hier auf der Erde ist, uns dabei zu helfen, unseren Lichtkörper zu aktivieren.

Ihre Energie ist reine Liebe. Sie haben keinen physischen Körper. Mit unseren physischen Augen können wir normalerweise weder sie noch ihre Raumschiffe wahrnehmen, was sich aber langsam ändert. Arcturianer sind reine Lichtwesen, die fähig sind, durch Raum und Zeit zu reisen.

Sie können uns durch ihren Kristallkörperprozess heilen, wenn wir dazu bereit sind. Diese Heilung in Licht findet auf physischer, emotionaler, mentaler, seelischer und spiritueller Ebene durch alle Zeiten, Dimensionen und Inkarnationen statt. Arcturianische Heilung ist, als bade man in reinstem Licht.

Einige der auf der Erde entdeckten Kornkreise stammen von den Arcturianern. Manche dieser Muster entsprechen den Figuren, die mir als dreidimensionale Figuren erschienen sind.

Und die Arcturianer kooperieren eng mit der Weißen Bruderschaft und Sananda Jesus. So also ließ sich die Bezeichnung christlich erklären.

~ ··· ~

Ich zögerte zunächst. Doch dann nahm ich all meinen Mut und meine Neugier zusammen und kontaktierte die Arcturianer. Den ersten Kontakt habe ich in meinem Buch *Reine Liebe erwartet Dich!* dokumentiert.

In diesem Kontakt erfuhr ich, dass die meisten Arcturianer selbst einige Inkarnationen auf der Erde verbracht hatten, sie also genau wissen, was wir brauchen, um unsere Schwingung und unser Bewusstsein zu erhöhen. Sie haben tiefes Verständnis für unsere Kämpfe, Unsicherheiten, Traurigkeiten, Ängste und Lebensumstände. Sie helfen uns dabei, vom Zustand des Kämpfens in den Zustand des Seins zu kommen.

Während meines Dialogs mit den Arcturianern für *Reine Liebe erwartet Dich!* hatte ich intensiven Kontakt mit ihnen. Sie erschienen mir nachts, später auch am Tag, und ich konnte mit ihnen reden wie mit einem physisch anwesenden Menschen. Wenn Arcturianer mit Menschen reden, können sie eine Erscheinungsform annehmen, die wir als nahezu menschlich einordnen würden. Sie sind sehr schlank. Die Männer sind ungefähr ein Meter achtzig groß und haben helles, lockeres Haar. Die Frauen haben etwas feinere Gesichter und sind ein wenig kleiner. Manchmal habe ich mich gefragt, ob ich ihnen mit meiner schlanken Gestalt, meinen ein Meter einundsiebzig und meinen wallenden blonden Haaren möglicherweise ein bisschen ähnlich sehe.

Meist tragen sie einen hüftlangen Umhang. Ihre Augen wirken doppelt so groß wie unsere. Ihre Sinnesorgane

Mund, Nase und Ohren sind sehr klein. Das ist ein Zeichen dafür, dass sie diese Sinnesorgane nicht mehr umfassend benötigen. Sie kommunizieren telepathisch. Es ist nicht notwendig, miteinander zu sprechen. Jeder kann bei ihnen die Gedanken jedes anderen lesen. Ihre Augen sind so groß, weil diese ein größeres optisches Spektrum abdecken als unsere. So können sie beispielsweise unsere DNA, unser Energiefeld und die Schwingung der Erde *sehen*.

In anderen Dimensionen nehmen sie andere Erscheinungsformen an, die sich in ihrer Frequenz zur irdischen Erscheinungsform stark unterscheiden. Und wenn wir als Mensch den arcturianischen Lichtprozess beginnen – und dazu bedarf es nur einer Bitte –, werden wir nach und nach einer Aurareinigung in reinster Liebe unterzogen.

Die Arcturianer teilten mir mit, dass ich ungefähr hundert Mal zu ihnen reisen würde. Dies würde jedoch meist während meines Tiefschlafs geschehen.

Jede Behandlung dieses Lichtprozesses ist individuell auf die Person zugeschnitten. Sämtliche frühere Inkarnationen, Erfahrungen, Blockaden und der Entwicklungsstand des derzeitigen Bewusstseins werden berücksichtigt. Wenn der Prozess abgeschlossen ist, fühlen wir uns frei, bisher verschlossene Kanäle sind wieder geöffnet und wir haben wieder uneingeschränkten Zugang zu Klarheit und Intuition.

Auch wenn ich mich an die meisten dieser nächtlichen Ausflüge nicht erinnern kann, sind doch einige wenige dieser Begegnungen so sehr in meiner Erinnerung verankert, dass sie sich mir so lebhaft eingeprägt haben wie real erlebte Begebenheiten.

Ich erinnere mich, wie ich in einer Art Heilungssaal war. Hier wurde meine gesamte Aura gescannt, sämtliche vorangegangene Leben, alle fremdgesetzten Implantate und Codes, meine DNA wurde gescannt und entsprechend eine Heilungsmethode konstruiert, die genau auf meine Seele zugeschnitten war.

Wenn wir die Arcturianer um Hilfe bitten, geben wir ihnen Gelegenheit, ihre Kompetenzen zu verfeinern, mit denen sie den Menschen helfen, in die fünfte Dimension zu gelangen. Durch unsere Bitte machen wir ihnen dieses Geschenk.

Sie sind mit dem Bewusstsein jeder Lebensform in allen Sonnensystemen verbunden. Sie sind nicht eins damit, haben jedoch Zugang zu dem jeweiligen Bewusstsein. Dadurch wissen sie ganz präzise, welche Gedanken und Empfindungen für unseren nächsten Entwicklungsschritt erforderlich sind und unterstützen uns dabei.

Die Arcturianer sind die Verwalter der holografischen Kammern im Universum. Dort sind dreidimensionale Abbilder von Symbolen gespeichert. Auch die Kornkreise sind holografische Projektionen, die an Schlüsselpositionen im Energiefeld der Erde eingesetzt werden, um unsere Bewusstseinsentwicklung zu beschleunigen. Durch seine spezielle holografische Geometrie zieht jeder Kornkreis die Energie höherer Dimensionen auf die Erde. Diese Energie wird durch die Kornkreise in das Innere der Erde geleitet.

Während des Entstehungsprozesses des ersten Buchs erfuhr ich, wie unsere DNA mit Hilfe der Arcturianer gereinigt wird. In dieser Zeit fühlte ich mich Tag und Nacht von den Arcturianern begleitet. Es war, als sei ständig die Energie reinster Liebe in unmittelbarer Nähe.

Und im Anschluss an *Reine Liebe erwartet Dich!* entstand das Buch *No Limits! Willkommen in der Schöpferkraft*. Hier unterstützten mich die Arcturianer dabei, Methoden der Manifestation zu dokumentieren.

Es fühlte sich so an, als ob sie sich im ersten Buch vorgestellt hatten und nun, meinem Wunsch entsprechend, ihre Hilfe dort anboten, wo ich sie haben wollte, nämlich beim Manifestieren.

Die Energie von *No Limits!* war sehr leicht. Ich fühlte mich auf wundersame Weise beim Schreiben stets leicht und beflügelt. Gemeinsam mit den Arcturianern entstand ein Werk, in dem ich selbst gerne nachschlage, wenn ich mich wieder auf meine Ziele und Wünsche konzentrieren möchte, wenn ich meine Gefühle und Emotionen einordnen möchte, mich erinnern möchte, wie Schönheit und Gesundheit im Inneren entstehen, oder wenn ich Fragen zur Entwicklung des Bewusstseins habe.

Nach Beendigung von *No Limits!* hörte ich zunächst auf, ständig den Kontakt der Arcturianer zu suchen. Es war wie eine Freundschaft zu jemandem, den man lange nicht gesehen hat, aber der jederzeit nachts aufstehen würde, um für einen da zu sein. In dieser Gewissheit vergaß ich die Arcturianer für eine Weile.

Mein Leben hatte sich stark verändert. Meine Selbständigkeit hatte ich nach und nach reduziert, ich war nach zwanzig Jahren wieder im Schuldienst, und der neue Mann an meiner Seite war rational-sachlich interessiert. Manchmal war es mir sogar peinlich, wenn mich jemand auf diese Bücher ansprach.

Ich entschied mich, mein Referendariat nachzuholen und musste, sehr unerwartet, dafür in eine andere Stadt ziehen. Zeitgleich beendete der Mann, ebenso unerwartet, die Beziehung, und dadurch kam es, dass ich ganz allein in einer fremden Stadt wohnte und ein immenses Pensum an Arbeit hatte.

In dieser Zeit kamen die Arcturianer zurück. Sie meldeten sich bei mir mit Botschaften, für die ich eigentlich keine Zeit hatte.

Dennoch erschienen mir ihre Mitteilungen so unglaublich wertvoll, dass ich stets bemüht war, sie immer gleich zu notieren.

Danach vergaß ich sie wieder und erledigte all die vielen Dinge, die mein Alltag zu dieser Zeit erforderte.

~ ... ~

Anfang des Jahres 2020 fragte mich mein Verleger, ob ich nicht vielleicht neue Botschaften der Arcturianer hätte. Ich stand kurz vor meiner Abschlussprüfung und hatte im Grunde keine Zeit dafür. Dennoch fing ich unmittelbar nach der Prüfung an, all die Botschaften, die ich notiert hatte, zu sortieren.

Und je mehr ich sortierte, desto mehr neue Botschaften kamen hinzu, die ich in diesem Moment empfing. In den Sommerferien 2020 hatte ich dann auch all die neuen arcturianischen Botschaften so weit geordnet, dass das Manuskript für ein komplettes neues Buch, *Das Große Erwachen*, entstanden war.

Dieses Buch halten Sie gerade in Händen.

Ich wünsche Ihnen viel Freude, Erfüllung und Bewusstseinserhöhung.

In reiner Liebe!

Marlies Pante

Das Ende der Dualität

Du liest dieses Buch, weil du spürst, dass du erwachst. Du möchtest wissen, ob alles richtig läuft mit deinem Erwachen. Irgendwo muss es doch Informationen darüber geben, so eine Art Verlaufsplan, auf dem du die einzelnen Punkte abhaken kannst und auf dem ersichtlich ist, was als Nächstes kommt.

Du fühlst dich manchmal allein, deine Freunde und Bekannten sind nicht am gleichen Punkt ihrer Entwicklung wie du, oder sie sind dort, aber du weißt davon nichts. Vielleicht habt ihr euch auch schon darüber ausgetauscht. Doch niemand kann dir wirklich sagen, was als Nächstes kommt, was zu tun oder zu lassen ist. Alles, was du erfährst, ist vage. Du bist dir nicht einmal ganz sicher, ob du überhaupt schon so weit bist zu erwachen, ob du dir diesen Prozess nicht vielleicht nur einbildest oder ob du überhaupt erwachen möchtest. Es ist alles so verwirrend. Ob es danach besser wird, weißt du auch nicht so genau. Lohnt es sich überhaupt? All diese Gedanken, all das, was du tust und lässt, wozu eigentlich? Gibt es einen Plan? Wenn ja, welchen?

Nun, da muss ich dich enttäuschen. So einen Plan gibt es nicht. Wir können hier *wir* oder *ich* schreiben, das spielt keine Rolle. Da, wo wir sind, gibt es keinen Unterschied zwischen *wir* und *ich*. Alles entstammt der reinen Seele.

Du musst wissen, wenn wir die *reine Seele* meinen, dann meinen wir nicht die Seele, die an ein Individuum gebunden ist. Die Seele, von der du zumeist redest, wenn du *meine Seele* sagst, ist nur ein kleiner Teil der Gesamtheit der Seelen. Auch darfst du wissen, dass der Teil der Seele, der deinen physischen Körper begleitet, der Teil ist, der dich über all deine Inkarnationen hinweg begleitet.

Ist der Zyklus all deiner Inkarnationen als Mensch beendet, unterzieht sich deine Seele einer Art Reinigung durch reinstes Licht. Sie war so lange an deine Inkarnationen gebunden, dass sie in reinem Licht von ihrer Anhaftung an Strukturen des Egos und des Physischen befreit wird.

Deine Seele verbindet sich dann mit der allumfassenden reinen Seele und wird wieder Teil davon, ein Teil, der nicht mehr als Teil auszumachen ist. Es findet eine Verschmelzung statt, in der jede Seele ihre eigene Existenz aufgibt und zu einem großen Ganzen, der allumfassenden reinen Seele wird. In dieser Verbundenheit ist auf Seelenebene alles gespeichert, was jemals war, doch ohne konkrete Erinnerungen an ein Ego oder einen bestimmten physischen Körper. Die Entwicklung des Bewusstseins aller Seelen ist hier präsent. Dies ist der Ort, an den jede Seele zurückkehrt und an den sich die Seele in dir erinnert. Das ist der Grund, warum du diese Sehnsucht in dir spürst. Diese Sehnsucht und den Glauben daran, dass es noch weitaus mehr gibt als das, was du in der äußeren Welt wahrnehmen kannst. In deiner tiefsten Sehnsucht erinnerst du dich an die Verschmelzung, an das Auflösen von Grenzen, an dein Zuhause-Sein, den Ursprung und die Heimat deiner Seele.

Jedes Erwachen ist individuell. Die Tatsache, dass du dir all diese Fragen stellst und dir Unterstützung und Verstehen wünschst, ist ein Zeichen, dass dein Erwachen bereits begonnen hat. Wie könnte ein Schlafender Fragen zum Erwachen stellen? Wenn du erwachst, hast du zuvor geschlafen und bist nicht umgehend hellwach. Du kannst nicht erwachen, ohne geschlafen zu haben. Dein Erwachen geschieht nach und nach, so wie dein Erwachen am Morgen.

Natürlich kannst du auch beim Erwachen deiner Seele einen Wecker in Form von bestimmten von euch ausgedachten Methoden nutzen. Doch bist du dann wirklich wach? Wirklich wach bist du, wenn du auf natürliche Art aufwachst und keine Hilfsmittel wie Wecker, Kaffee oder Tee benötigst. Wach wirst du, wenn dein Körper oder deine Seele entscheiden, dass du wach wirst. Wenn du Methoden zum Erwachen benutzt, dann, weil deine

Seele dich zu diesen Methoden geführt hat. Sie sind weder gut noch schlecht.

Erwachen ist ein Prozess. Euer System könnte ein plötzliches Erwachen nicht verarbeiten. Es gibt wenige Einzelfälle, in denen ein plötzliches Erwachen geschah. Die meisten dieser Menschen fanden sich anschließend in ihrem Umfeld und der äußeren Welt kaum mehr zurecht.

Wenn du nach und nach erwachst, hat dein Bewusstsein Gelegenheit, diesen Prozess zu verstehen. Darum geht es nämlich. Die Seele braucht dein Erwachen, um bewusst zu verstehen, was sie immer schon ist.

Auf dem Weg deines Erwachens wirst du Einblicke in andere Wirklichkeiten bekommen, die dir zuvor verschlossen waren. Diese Wirklichkeiten befinden sich in der Dualität. Du kannst erschreckende Erkenntnisse über die »dunkle« Seite der Welt haben, ebenso wie du erstaunliche Einsichten in »helle« Wirklichkeiten erhältst. Diese Erkenntnisse kommen von allein, du kannst sie nicht künstlich herbeirufen. Du kannst diese Einsichten auch niemand anderem vermitteln. Jeder erwacht, wenn seine Seele bereit dazu ist. Zwar kannst du deine Erkenntnisse mit anderen teilen, doch wirst du dadurch deren Stand des Erwachens nicht verändern.

Wenn du die dunklen Seiten der Welt erkennst, magst du erschrecken, mutlos oder verzweifelt sein. Möglicherweise verspürst du das Verlangen, deine Erkenntnisse anderen mitzuteilen, sie vor etwas warnen oder schützen zu wollen. Doch jeder wird zu dem für ihn richtigen Zeitpunkt solche Entdeckungen machen. Sie werden möglicherweise andere Erkenntnisse haben, dennoch dienen sie dem gleichen Ziel, dem Erwachen.

Wenn du Ungerechtigkeiten erkennst, in einem Ausmaß, das du dir zuvor nicht einmal vorstellen konntest, hast du möglicherweise das Verlangen, etwas dagegen tun zu müssen. Und alles, was du dagegen zu tun versuchst, lässt dich an dieser Energie haften, und du wirst deren Fortbestand noch länger sichern.

Je wacher du wirst, desto mehr Ungerechtigkeiten, Täuschungen und Lügen erkennst du. In diesem Prozess wirst du dich selbst dabei beobachten, wie du täuschst, lügst und ungerecht bist. Du wirst darüber erschrecken. Dennoch wirst du akzeptieren. Du wirst akzeptieren, dass du Täuschung, Lüge und Ungerechtigkeit in dir hast. Wie sonst könntest du all dies im Außen wahrnehmen? Du kannst im Außen immer nur wahrnehmen, was du auch im Inneren hast. In dem Moment, wo du dir selbst verzeihst, du gnädig mit dir bist, du diesen Teil von dir vollkommen akzeptierst, akzeptierst du auch diese Erscheinungen im Außen.

Nur so kann sich all dies im Außen auflösen.

Die Heilung der Welt geschieht durch die Akzeptanz des Dunklen in jedem Einzelnen von euch. Ohne deine Bewusstwerdung, ohne dein Erkennen, dass alles, was du im Außen wahrnimmst, auch in dir ist, können sich diese Teile der Welt nicht transformieren. Wenn du dies vollständig mit deinem ganzen Sein erkennst und akzeptierst, wird dein Handeln keine Konsequenzen mehr haben. Du lügst, täuschst und bist ungerecht in vollem Bewusstsein. In der äußeren Welt hat dein Handeln keine Konsequenzen. Mit deinem Erkennen transformieren sich umgehend die Konsequenzen. Es ist, als ob du zum letzten Mal gelogen, getäuscht und ungerecht gehandelt hast. Es ist die Absolution des Bewusstseins.

Doch ist es nicht das letzte Mal. Deine physische Form muss vom Bewusstsein durchdrungen sein. Dies geschieht als Prozess. Mit jeder Handlung, die dir als Täuschung, Lüge oder Ungerechtigkeit bewusst wird, treibst du die Transformation deiner Seele voran. Die Transformation spiegelt sich in deinen Lebensumständen wider. Immer seltener begegnest du Lüge, Täuschung und Ungerechtigkeit. Das ist der Prozess, in dem deine Seele das Ego verliert. Über viele Inkarnationen war deine Seele an dein Ego gebunden. Nun ist die Zeit, da sich die Seele vom Ego trennt und auf die universelle Reinigung und Transformation in reinstem Licht vorbereitet. Das ist der Tod des Egos.

Wenn du erwachst, wirst du diese Dinge erkennen. Du musst dafür nicht nachforschen. Die Wahrheit kommt auf dich zu. Du kannst nicht *nicht* erkennen, und du kannst auch nicht *nicht* erwachen.

Deine Entdeckungen mögen dir vielleicht zunächst Angst einjagen, dein Leben sinnlos erscheinen lassen, dich mutlos machen. Mag sein, dass du deine Entdeckungen jedem mitteilen, dein Erwachen rückgängig machen oder gegen bestimmte Dinge ankämpfen möchtest.

Wenn du wach wirst, gelangst du in eine Souveränität, in der du weißt, dass alles Widerstreben nichts nutzen wird. Du kannst nicht *nicht* erwachen und nicht *nicht* erkennen. Du wirst dir aller Strukturen, Anhaftungen und Muster deiner selbst und deiner ganzen Welt bewusst. Du kannst nichts vernichten, indem du es bekämpfst. Du *bist* in deiner Souveränität, akzeptierst und lässt sein, was ist. Das ist der Friede der Welt.

Erwachen bedeutet auch *erkennen*. Du erkennst, du verstehst und du lässt es so sein. Je mehr Menschen diese Souveränität erlangen, desto schneller werden all die dunklen Systeme zusammenbrechen. Sie haben keinen Nährboden mehr. Versuche nicht, andere mit deinen Entdeckungen zu missionieren. Menschen, die an einem anderen Punkt ihres Erwachens sind, werden mit deinen Informationen nichts anfangen können, dich nicht verstehen oder über dich lachen.

Der Grund, warum jeder Mensch andere Erkenntnisse und Einsichten hat, liegt darin, dass jeder Mensch andere Erinnerungen aus anderen oder diesem Leben in sich trägt. Du kannst im Außen nur erkennen, was du in dir hast. Wie könnte es anders sein? Wenn dir sehr Dunkles gewahr wird, kannst du sicher sein, dass du diesen Anteil auch in dir hast. Du kannst die Menschen oder Organisationen, deren Verhalten du gewahr wirst, als deine Propheten betrachten. Sie zeigen dir deine verborgenen Anteile. Das ist womöglich schwer zu akzeptieren, doch indem du diese Anteile in dir selbst entdeckst und anerkennst, können sie sich transformieren. In dir und in der Welt.

Das bedeutet nicht, dass sich diese Anteile in dir nun ins Gegenteil, in das Helle, Heilige verwandeln. Vielmehr gelangen diese Anteile durch dein Akzeptieren und Anerkennen in die Neutralität. Die Neutralität ist das echte Sein. Dunkelheit kann nicht mehr existieren, wenn die Helligkeit nicht mehr existiert. Das ist das wahre Sein. Es bedeutet nicht, dass das wahre Sein eine Mischung aus Hell und Dunkel ist. Es ist ein davon losgelöster eigener Zustand. Ein Zustand der Souveränität. Du hast diese Souveränität in manchen Momenten bereits kennengelernt und sehnst dich danach, diesen Zustand immer häufiger zu erleben.

Wenn du das »Böse« nun nicht bekämpfst, bedeutet das nicht, dass du keine Hilfe leisten sollst. Wenn du siehst, dass deine Unterstützung benötigt wird, dann gebe sie. Verfalle jedoch nicht in die Idee, aus deiner Hilfe eine Institution zu machen. Solange du das Helfen benötigst, erschaffst du nämlich Menschen, die deine Hilfe benötigen. Hilf, wenn es erforderlich ist, aber mach keine Religion daraus.

Durch das *gut* machen und *unbedingt* helfen wollen ist so viel *nicht* Gutes auf der Welt entstanden. Je mehr Energie für das Gute aufgewendet wird, desto mehr erschafft ihr auch das Nicht-Gute. Es ist eine Waagschale.

Die Dualität ist immer ausgeglichen. Fünf Kilo hiervon auf der einen Waagschale erschaffen fünf Kilo davon auf der anderen Waagschale. Wenn du dir dessen bewusst wirst, stellst du möglicherweise dein gesamtes Tun in Frage. Du verstehst, dass es Sinn macht, das Böse nicht zu stärken. Aber du fragst dich, warum es Sinn macht, das Gute nicht zu stärken.

Womöglich gerätst du in eine Sinnkrise und möchtest deine Erkenntnisse wieder zurückgeben. Vielleicht weißt du nun einfach nicht mehr, was überhaupt noch richtig oder falsch ist. Genau das ist es. Es *ist*.

Wie könnte etwas richtig oder falsch, gut oder böse sein? Diese Unterscheidungen gibt es nur in der Dualität. Je mehr du erwachst, desto mehr wirst du die Dualität verlassen. Du findest immer häufiger und zunehmend intensiver in den Zustand des Seins.

Herzlich willkommen.

Wenn du die Dualität immer mehr erkennst, wirst du irgendwann das Interesse daran verlieren. Es kann sein, dass du bestimmte Fernsehsendungen oder Zeitungsartikel auf einmal nicht mehr interessant findest. Das geschieht, wenn du die Dualität immer mehr verlässt. Wenn du die Dualität verlässt, dann hat dein Leben immer weniger Ausrichtung in die eine oder in die andere Richtung. Du hast beide Positionen in dir vereint. Du kannst auch nicht mehr gegen die eine oder andere Seite kämpfen. Du verstehst, dass die eine Seite da ist, weil ihr Gegenteil existiert.

Wenn du das zum ersten Mal wirklich erkennst, hast du vielleicht das Verlangen, diese Erkenntnis jedem mitzuteilen. Doch das wird nichts nutzen. Jede Seele erwacht zu einem anderen Zeitpunkt. Auch wenn die Zeit als solches nicht existiert, es gibt immer verschiedene Bewusstseinszustände. Je mehr du erwachst, desto weniger hast du das Verlangen, deine Erkenntnisse mitzuteilen. Beim Erwachen hat jede Seele ohnehin andere Einsichten, die zum gleichen Ergebnis führen.

Du spürst Frieden, weil du weißt, dass jede Seele erwachen wird. Nicht jede Seele wird in dem Leben, in dem sie dir begegnet, erwachen. Auch dein Erwachen wird nicht in diesem Leben abgeschlossen sein. Das Erwachen ist niemals abgeschlossen. Es ist ein ewiger Prozess.

Du wirst nicht nur Entdeckungen der Dunkelheit machen, ebenso wirst du Einsichten in das Helle haben. Auch hier kannst du die Menschen oder Institutionen, die dir die Helligkeit präsentieren, als Propheten betrachten. Du weißt, du kannst bei anderen nur erkennen, was du in dir hast. Wenn du Helligkeit erkennst, hast du diese Anteile auch in dir. Vielleicht freut es dich, wenn du Helles als deinen eigenen Anteil erkennst. Die eigene Helligkeit ist so viel leichter zu akzeptieren als die eigenen dunklen Anteile. Und dennoch: Es sind Anteile, die an der Dualität ausgerichtet sind.

Wie kannst du Helligkeit und das Sosein unterscheiden? Zunächst muten sowohl Helligkeit als auch ein vollkommener Seinszustand angenehm an. Und doch kennst du den Unterschied bereits. Im vollkommenen Sein spürst du alles, was ist. Du bist verbunden mit der gesamten Schöpfung, du spürst und weißt alles, ohne es benennen zu können.

Dieser Zustand kann auch als hell empfunden werden. Doch es ist eine Helligkeit, zu der es kein Gegenteil gibt. Dieser Zustand ist leicht. Doch es ist eine Leichtigkeit, zu der es keine Schwere gibt. Dieser Zustand ist weit. Doch es ist eine Weite, zu der keine Enge existiert. Er ist hoch, ohne dass es ein Tief gibt. Dieser Zustand gibt dir Energie auf einer Ebene, auf der keine Energie verloren gehen kann. Du verstehst es, weil du diesen Zustand kennst und das Sein bereits erlebt hast. Und du weißt, dass unsere Worte das Sein niemals hinreichend beschreiben können, weil das Sein in einer Dimension existiert, die keiner Worte bedarf.

Du darfst wissen, dass es Seelen um dich herum gibt, die den Prozess des Erwachens schon weiter gegangen sind als du. Eine solche Seele wird nicht versuchen, dein Erwachen zu beschleunigen. Echtes Erwachen ist ein natürlicher Prozess, der nicht beschleunigt werden kann. Ihr erwacht, wie ein Kind irgendwann reif ist, um geboren zu werden oder der Samen einer Pflanze reif ist, um zu keimen. Dein Erwachen gleicht einem Kind oder einem Samen. Du kannst es sehen und spüren, doch hat der Prozess gerade erst begonnen. Wie könntest du von einem Keimling erwarten, schon ein Baum zu sein? Das Erwachen benötigt Zeit auf der linearen

Zeitachse. So wie der Keimling vollkommen ist und die ausgewachsene Pflanze bereits in sich trägt, bist auch du zu jeder Zeit vollkommen. Du trägst bereits jetzt alles in dir. Nun ist die Zeit gekommen, zu entdecken, was du immer schon bist. Bewusstsein. Ein Baby wacht auf, wenn es ausgeschlafen hat. Ein Samen keimt, wenn es Zeit ist, zu keimen. Du kannst das Baby vorher wecken. Aber ist es dann wirklich wach? Du kannst auch einen Samen künstlich zum Keimen bringen. Aber erwächst daraus eine starke Pflanze, die gelernt hat, inmitten von Naturgewalten zu existieren?

Fängst du in einem neuen Leben wieder erneut mit dem Erwachen an? Nein. Jedes Leben findet auf einer bestimmten Bewusstseinsebene statt. Vielleicht gehst du auf der linearen Zeitachse für ein anderes Leben deiner Seele »zurück«, vielleicht gehst du vor. Alles dient deinem Erwachen und deiner Bewusstwerdung.

Ist Erwachen das gleiche wie Erleuchtung? Erwachen ist ein Prozess. Es kann sein, dass dein Erwachen ein Teil deiner Erleuchtung ist. Erleuchtung erfahren die meisten Menschen nicht vollständig oder über Nacht. Das könnte euer System nicht verkraften. Viele Menschen, die erwachen, haben jedoch immer häufiger Momente, in denen sie erleuchtet sind. Der Zen-Buddhismus nennt diese Momente der blitzartigen Erleuchtung *satori*. Manche spirituelle Richtungen bezeichnen diese Momente als *kundalini*. Es ist nicht wichtig, wie du es nennst. Du brauchst es nicht zu benennen. Ein Begriff, ein Wort wird niemals so umfassend sein können wie die Erfahrung, die du machst. Der Begriff ist ein Hilfsmittel, um dich mit anderen auszutauschen oder damit du dir ein abstraktes Modell deines Erwachens bauen kannst. Dies ist jedoch nicht notwendig.

Je mehr du erwachst, desto weniger möchtest du Einfluss nehmen auf das Geschehen. Du akzeptierst, was *ist*. Du erkennst, dass die Umstände so sein dürfen, wie sie sind, gar nicht anders sein *könnten*. Du findest Frieden mit all den hypnotischen Beeinflussungen, denen ihr als Mensch ausgesetzt seid. Sie dienen dem Schlaf. Dem Schlaf, der notwendig ist, um zu erwachen.

Deine Seele ist Bewusstsein. Dein Erwachen im Bewusstsein geschieht als Prozess, damit du nachvollziehen und erleben kannst, was die Seele immer schon weiß und was du immer schon warst. Für diesen Prozess ist es notwendig, dass du aus einem Schlaf erwachst. Wenn du dies vollständig erkennst, verschwindet dein Groll gegen die Manipulationen, welche die Menschen in Schlaf und Hypnose halten. Du erkennst es als notwendigen Teil des Erwachens. Du kannst nichts mehr dagegen sein. Und wenn du nicht mehr dagegen und nicht mehr dafür bist, weil du einfach *bist*, kann die Dualität sich auflösen. Die Dualität benötigt beides. Hoch und tief, hell und dunkel, weit und eng. Erst, wenn du weder die eine noch die andere Seite nährst, und du nährst sie durch deine Aufmerksamkeit und deinen Kampf dafür oder dagegen, erst dann kann die Dualität sich auflösen. Das ist der Zustand echten Friedens.

Bedeutet es, dass du dann nichts mehr unternehmen kannst, weil du, wenn du lebst, oft die eine oder andere Seite der Dualität berührst? Nein. Du wirst eine Souveränität erlangen, die sich über die Dualität erhebt. Du wirst eine Freiheit spüren, die nicht der Freiheit entspricht, von der du dir eine Wunschvorstellung gemacht hast. Deine neue Freiheit erwächst aus deiner neuen Souveränität. Diese Freiheit ist echte Freiheit. Sie ist echte Unabhängigkeit. Sie ist echtes Sein. Sie ist echt. Du wirst sie erkennen. Du kannst sie nicht *nicht* erkennen.

In diesem Zustand erkennst du, dass es immer nur das Jetzt gibt, dass Vergangenheit und Zukunft Gedankenkonstrukte der Dualität sind. Das bedeutet nicht, dass du im Hier und Jetzt selbstvergessen und verloren bist. Die lineare Zeit mit all ihren Erfordernissen ist dir bewusst, doch du handelst nicht mehr aus einer Hypnose heraus. Du handelst als Bewusstsein. Du tust, was auch immer der gegenwärtige Moment gerade von dir verlangt. Oder auch nicht. Es spielt keine Rolle. Du wirst nicht dein jetziges Leben vernachlässigen. Du musst keine Angst vor deinem Erwachen haben. Wenn du wirklich erwachst, dann wird dein Leben immer authentischer. *Du* wirst authentischer.

Du handelst aus deinem Bewusstsein heraus.

Wenn du erwachst und in Achtsamkeit handelst, wird dein Leben dramatisch angenehmer werden.

Du bist vollkommen

Vielleicht hast du Angst, die Kontrolle aufzugeben. Womöglich glaubst du, dass dein Leben den Bach hinunter geht, wenn du dich den Impulsen deines Erwachens hingibst. Das ist ein Irrglaube. Wenn du erwachst, wirst du dein Leben in Einklang mit deinem Erwachen leben. Du wirst aufhören, gegen die Umstände anzukämpfen. Du wirst aufhören, dich in Traumwelten zu verlieren. Du wirst das Hier und Jetzt vollständig annehmen. Du wirst all deine neuen Erkenntnisse über das sogenannte Böse oder das Heilige annehmen und akzeptieren. So kann sich die Welt in dir vereinen. Der von Platon beschriebene Kugelmensch ist nicht länger zweigeteilt. Alles ist wieder vereint. Du benötigst nichts mehr, um vollkommen zu sein.

In diesem Moment, bei diesem Bewusstsein, wenn du erkennst, dass du nichts mehr benötigst und begehrst, wird dir alles zufließen. Weil du es in dir hast. Wenn du beide Seiten in dir vereint hast, hast du alles in dir. Dann ist Frieden in dir.

Kannst du diesen Zustand beschleunigen? Nein. Selbst wenn du Methoden findest, die dein Erwachen beschleunigen (und es gibt welche), hat deine Seele dich zu diesen Methoden geführt. Du kannst immer nur in dem Tempo erwachen, das deine Seele bestimmt.

Du magst zwar behaupten, dass du dieses oder jenes nicht mehr begehrst, du kannst bestimmte Beeinflussungen von außen ablehnen, du kannst deinen Körper kasteien und auf Nahrung oder bestimmte Substanzen verzichten, du kannst bestimmte Fernsehsendungen meiden oder dein Verhalten kontrollieren.

Solange du jedoch dagegen ankämpfst und nicht im Inneren das Interesse daran verloren hast, kämpfst du gegen diese Elemente an. Und solange du gegen etwas ankämpfst, erschaffst du es.

Vielleicht bist du süchtig nach sexueller Befriedigung oder bestimmten Substanzen. Wenn das so ist, dann akzeptiere, dass du dieses Verlangen hast. Deine Akzeptanz ist ein Teil deines Erwachens. Wenn du akzeptierst, kehrt Friede in dir ein. Es ist noch nicht der Friede, den du erfährst, wenn du die Dualität nicht mehr bedienst. Doch es ist bereits Friede. Aus diesem Frieden heraus entsteht weiteres Erwachen.

Es dient deinem Erwachen mehr, wenn du konsumierst und anerkennst, dass du süchtig oder abhängig bist, als die »Droge« zu verteufeln und deine Abhängigkeit zu leugnen. Die Sucht wird von dir abfallen, je stärker du erwachst. Irgendwann wirst Du feststellen, dass du das

Interesse an diesem oder jenem verloren hast. Weil du es nicht mehr *benötigst*, um in Hypnose oder Schlaf gehalten zu werden. Der Weg des Erwachens ist ein Weg des Friedens. Dein Frieden wird immer vollkommener. In diesem Frieden ist es dann unerheblich, *was* du konsumierst. Dein Bewusstsein erhöht sich über deine Abhängigkeiten, und augenblicklich sind Verlangen, Sucht und Abhängigkeiten transformiert.

Ist Frieden der dauerhafte Zustand beim Erwachen? Nein. Es wird immer wieder Erkenntnisse und Situationen geben, die dich aus deinem Frieden herausbringen. Doch wirst du nie etwas erleben, was du nicht bewerkstelligen kannst. Deine Seele öffnet sich nur für Ereignisse, die sie bewältigen kann. Sie wählt diese Umstände, damit du weiter erwachst.

Du wirst erkennen, dass jede äußere Form sich irgendwann auflöst. Dinge kommen und gehen. Beziehungen kommen und gehen. Geld, Gedanken, alles kommt und geht. Du erkennst, dass eines immer bleibt: Dein Sein. Und je mehr du dies erkennst, desto mehr wird dein Sein verbunden sein mit dem All-Sein. Das ist Frieden und das ist deine Souveränität.

Je mehr du erwachst, desto tiefer wird der Frieden sein, den du in dir spürst. Bis es neue Ereignisse gibt, die dich weiter erwachen lassen. Vielleicht sind es neue Verluste oder neue Errungenschaften.

Alles dient deinem Erwachen. Im Zustand des Erwachens weißt du: Auch diese Umstände, diese Formen werden sich wieder auflösen. Und du ruhst in dir. Wie ein stiller Beobachter.

Wenn du aus dem Sein herausfällst, kannst du dann deinen einmal erlangten Frieden wieder verlieren? Wenn du wirklich erwachst, wirst du immer mehr von dem Frieden in dir haben.

Zwar kommen dann neue Umstände, die dich aus dem Frieden werfen können, doch wird dein Fundament, das im Frieden gründet, immer stärker.

Vielleicht möchtest du konkrete Anleitungen, wie du dich in bestimmten Situationen verhalten kannst oder was du denken oder fühlen sollst. Diese Hilfe wirst du nicht bekommen. Deine Seele präsentiert dir die Umstände oder die Methoden für dein Erwachen. Dein Erwachen geschieht. Es gibt beim Erwachen keine richtigen oder falschen Gedanken. Du kannst nicht falsch oder richtig fühlen, und du kannst auch nicht falsch oder richtig handeln.

Strenge dich nicht an. Dieser Prozess geschieht ohnehin. Allein, dass du diese Zeilen liest, ist ein Zeichen, dass dein Erwachen bereits begonnen hat.

Du suchst nach Hilfe, nach Unterstützung, nach Erklärung. Doch wirst du keine genauen Anweisungen erhalten können. Deine Seele entscheidet, wann (und du weißt, es gibt keine echte Zeit) du erwachst, und sie schenkt dir die Möglichkeiten, die dich beim Erwachen unterstützen. Du wirst erwachen.

Du musst dich dafür gar nicht anstrengen.

Vielleicht begegnet dir jemand, der dir etwas erzählt, bei dem du Gänsehaut bekommst. Möglicherweise hast du einen Gedanken, bei dem es dir warm den Rücken hinunterläuft, vielleicht bist du ergriffen, wenn du etwas liest. Das, was du zum Erwachen benötigst, *wird* dir begegnen. Vielleicht spürst du es. Du musst absolut nichts beschleunigen. Es wird geschehen. Wenn die Seele bereit ist, wirst du erwachen.

Die Seele muss sich in dieser Welt erfahren. Sie erfährt sich durch dich, durch dein Leben, durch dein Bewusstsein. Das Bewusstsein erwacht. Es ist ein Prozess.

Vielleicht brauchst du etwas Konkretes, um das Erwachen besser zu verstehen. Doch je mehr du es verstehen willst, desto weniger wirst du es verstehen.

Du kannst dein Erwachen spüren.

Je mehr du es zu benennen oder zu kategorisieren versuchst, desto stärker wirst du es verlieren.

Menschen, die sich mit Träumen beschäftigen, kennen das sogenannte *falsche* Erwachen. Sie träumen davon aufzuwachen. Erst beim echten Erwachen bemerken sie, dass ihr vorheriges Erwachen, so echt es sich auch angefühlt haben mag, nicht echt war. Auch beim spirituellen Erwachen wirst du manche Erkenntnisse für wahr halten. So lange, bis du eine neue Erkenntnis hast. Ist das schlimm? Nein. Nichts ist schlimm.

Das falsche Erwachen oder das Fürwahrhalten mancher Erkenntnisse sind Teil des Weges, auch wenn es keinen echten Weg gibt und auch keinen Prozess. Weil es keine

Zeit gibt. Für euer Verständnis jedoch bedienen wir uns eurer Begriffe der linearen Zeit. Auch das falsche Erwachen bringt dich deinem Erwachen näher.

Wenn du aus deinem erwachten Bewusstsein heraus handelst, wenn du etwas anzubieten hast, was anderen Menschen, die sich auf dem Weg des Erwachens befinden, hilfreich sein könnte, dann ist es nicht notwendig, Werbung dafür zu machen. Die Seelen, die das, was du anzubieten hast, für ihr Erwachen benötigen, werden zu dir finden. Du musst dafür nichts tun.

Du musst dafür jedoch auch nicht *nichts* tun. Wenn eine Möglichkeit auf dich zukommt, kannst du sie ergreifen. Du wirst spüren, ob es passt. Vielleicht fragt dein Verleger nach einem neuen Buch, mag sein, dass du gebeten wirst, einen Vortrag zu halten, womöglich bittet dich jemand, einen Kurs anzubieten.

Möglich, dass all dies auch *nicht* geschieht. Dann dient das, was du tust, zunächst deinem eigenen Erwachen. Wenn du erwachst, erhöhst du die Energie aller Menschen. Durch dein erwachtes Bewusstsein erhöhst du ebenfalls das kollektive Bewusstsein.

Wenn du darum kämpfst, Menschen mit deinen Botschaften erreichen zu wollen, bist du noch der Dualität verhaftet und du glaubst, dass, je mehr Menschen dir folgen, desto wertvoller das ist, was du anzubieten hast, doch womöglich reagierst auch du mit Ablehnung, wenn jemand dich von seinen Erkenntnissen überzeugen und dich als Kunden gewinnen möchte.

Du kannst der Welt Angebote machen. Die Seelen finden ihren Weg zu dem, was sie benötigen. Sie kommen zu dir, unabhängig davon, ob du deine Angebote bewirbst. Oder sie kommen nicht. Solange du glaubst, dass du weißt, was gut für die Menschen ist, bist du nicht vollständig erwacht. Im Erwachen verspürst du nicht das Verlangen, andere von deinen Erkenntnissen zu überzeugen. Du kannst das Angebot machen, deine Erkenntnisse zu teilen. Die Menschen nehmen es an. Oder auch nicht. Es spielt keine Rolle. Wenn du zu deiner Souveränität gelangst, ist es unerheblich, wie andere Menschen auf dich reagieren, was andere Menschen von dir halten und was sie über dich sagen.

Du bist souverän und frei. Du spürst die Kraft, die in dir ist. Du *bist* Kraft. Du hast die Dualität überwunden. Du bist die Vereinigung von Plus und Minus, von Hoch und Tief. Wie könnte dich stören, was andere über dich denken oder sagen? Wenn du aufhörst, dich darum zu kümmern, wie andere Menschen dich beurteilen, werden sie aufhören, dich zu beurteilen. Auch du wirst sie nicht länger beurteilen.

Gleichwohl werden einige deine Allgegenwärtigkeit bemerken. Sie werden sie bemerken, ohne zu wissen, was es ist. Sie spüren, dass an dir etwas anders ist. Sie werden jedoch nicht wissen, was es ist, das dich anders macht. Indem sie dir begegnen, indem sie in Kontakt mit deinem So-Sein kommen, werden einige von ihnen sich erinnern. Sie erinnern sich an diesen Zustand, den jede

Seele kennt. Für einen kurzen Moment spüren sie die Verbundenheit mit allem, was ist, um sie im nächsten Moment wieder zu verlieren. Für manche wird die Begegnung mit dir eine Initialzündung sein, wie ein Funke des Friedens, der überspringt und ganz sanft anfängt, diesen anderen Menschen zu wecken, wenn ihre oder seine Seele bereit ist. Andere werden in der Begegnung mit dir für einen kaum wahrnehmbaren Moment innehalten. Vielleicht spüren sie einen kurzen Augenblick der Freiheit oder Souveränität. Und wieder andere werden dein Erwachen gar nicht bemerken.

Wenn du glaubst, dass du Erfolg haben wirst, weil du dein Angebot nicht bewirbst, ist auch dies kein Zeichen deines vollständigen Erwachtseins. Du kannst dein Erwachen nicht austricksen. Der Erfolg in der äußeren Welt ist kein Maßstab für den Grad deines Erwachens. Er ist nur ein Maßstab dafür, welche Seelen genau dieses Angebot für ihren eigenen Prozess des Erwachens benötigen, unabhängig davon, ob es sich um Angebote des Erwachens oder des Im-Schlaf-Haltens handelt.

Wenn du etwas anzubieten hast für das Erwachen der Menschen, dann werden die Seelen zu dir kommen, die genau das benötigen, was du anzubieten hast. Heißt das, dass du etwas »Richtiges« für das allgemeine Erwachen gefunden hast? Nein. Es gibt keinen richtigen oder falschen Weg zum Erwachen. Es heißt lediglich, dass bestimmte Seelen dein Angebot für ihr Erwachen nutzen werden. Vielleicht nutzen sie es auch, um weiterzuschlafen. Es gibt stets verschiedene Wege, Angebote und Methoden zu nutzen.

Wirst du, wenn du ein Angebot machst, das von vielen Menschen genutzt wird, irgendwie dafür belohnt? Bist du Gott dann näher? Wird dein Angebot vielleicht auf einer noch höheren Ebene wertgeschätzt? Nein. Es gibt keine Instanz über dem Erwachen. Alles ist Erwachen. Alles ist Sein. Alles *ist*.

Zwar kannst du auf der weltlichen Ebene zu Ruhm und Anerkennung gelangen. Doch vielleicht mag dieses Verhaften an Bestätigung dein Erwachen sogar verlangsamen. Jede Seele erwacht in ihrem eigenen Tempo. Jede Seele nutzt die Angebote in der Welt auf ihre eigene Weise. Es gibt Angebote, die von einigen Seelen für ihr Erwachen genutzt und gleichzeitig von anderen für ihr Schlafen genutzt werden. Du kannst es nicht beeinflussen.

Du kannst weder das Erwachen anderer noch dein eigenes Erwachen beeinflussen. Du kannst bemerken, dass du dabei bist zu erwachen, und du kannst es wieder vergessen, du kannst dich erneut erinnern, und du kannst den Weg deines Erwachens ändern. Du kannst dagegen ankämpfen, und du kannst diesen Prozess beschleunigen wollen.

Solange du versuchst, Einfluss auf dein Erwachen zu nehmen, erschwerst du dein Erwachen.

Doch kannst du dir dein Erwachen erleichtern und angenehmer gestalten. In dem Moment, in dem du akzeptierst, wie die Welt sich dir in diesem Moment präsentiert, indem du annimmst, wie *du* bist, mit all deinen Gedanken, Schwächen und Unvollkommenheiten, in dem Moment *erwachst* du.

Du erhebst dich über dein Urteil. Du kämpfst nicht mehr gegen das an, was ist. Das, was ist, ist. Du nimmst es an. Du erhebst dich über das Urteil der anderen ebenso, wie du dich über dein eigenes Urteil über andere und über dich selbst erhebst.

Musst du dieses Buch lesen, um zu erwachen? Nein. Du erwachst ohnehin. Kannst du dieses Buch jetzt weglegen? Ja, durchaus. Du liest dieses Buch, um Orientierung zu finden, um zu verstehen, was mit dir geschieht, um zu erfahren, dass das, was du erlebst, einer Ordnung entspricht, denn dein Leben kommt dir nicht mehr geordnet vor.

Auch in diesem Buch wirst du keine definitiven Antworten finden, Antworten, die dir sagen, was du tun musst, um zu erwachen. Du erwachst ohnehin, nicht wahr? Dennoch kann es geschehen, dass diese Worte dich beruhigen. Weil sie aus der Quelle kommen. Aus der Quelle, aus der heraus auch dein Erwachen geschieht.

Es ist nicht die Bedeutung der Worte, die dich berührt. Es ist ihr Ursprung. Sie entspringen der Quelle. Die Worte befördern die Energie der Quelle. Das spürst du. Selbst, wenn du die Worte nicht verstehen würdest, wenn du dieses Buch in einer fremden Sprache hören oder lesen würdest, würde die Buchstabenabfolge die Weisheit der Quelle befördern. Worte sind nur von Menschen erfundene Transportmittel. Niemals können Worte das wiedergeben, was du als ewige Wahrheit in dir trägst. Und doch sind sie ein gutes Transportmittel für genau das.

Manchmal liest du ein Buch, legst es weg und liest es Jahre später erneut. Oft hast du dann das Gefühl, dass diese Botschaften zuvor nicht darin enthalten waren. Wie kann das sein? Nun, zum einen kannst du keine Wahrheiten entdecken, für die deine Seele, dein Erwachen, noch nicht bereit ist. Es wird dir immer nur das offenbart, was für deinen nächsten Entwicklungsschritt notwendig ist.

Der zweite Grund ist der, dass, wenn ein Autor sich entwickelt und neue Zugänge zur Wahrheit hat, seine Worte entsprechend dem Stadium seines eigenen Erwachens mehr Wahrheit befördern, unabhängig davon, zu welchem Zeitpunkt er sein Buch verfasst hat. Das ist so, weil die Worte immer stärker aus der Quelle des Seins kommen. Schriften, die vor Jahren verfasst wurden, befördern gemäß des Erwachens des Verfassers heute stärker die Energie der Quelle, als dies zum Zeitpunkt des Erscheinens des Buches der Fall war. Auch diese Erklärung bedient sich abstrakter Wörter, gewiss. Doch du verstehst. Wie könnte es anders sein.

Auch *deine* Schriften enthalten nach deinem zunehmenden Erwachen immer mehr Zugang zur Quelle.

Vielleicht führst du ein Tagebuch, vielleicht findest du alte Briefe oder Texte von dir. Mag sein, dass du den Zugang bei deinem eigenen Text nicht so gut erkennen kannst, so wenig, wie du oft nicht erkennen kannst, dass du tatsächlich erwachst. Oft fühlst du dich benebelt und glaubst, dass du eigentlich gar nichts weißt. Und doch wisse: Dein Erwachen geschieht. *Genau jetzt.*

Zuweilen hast du den Eindruck, dass sämtliche Bücher und Seminare dir nichts Neues bringen. Du weißt bereits alles, was du liest oder hörst. Ja. Du weißt es. Weil du dich immer mehr mit der Quelle verbindest. Du brauchst auch dieses Buch nicht zu lesen. Alles, was du hier erfährst, hast du als Wissen bereits in dir. Es würde ausreichen, wenn du das Buch von außen betrachtest oder berührst. Ob die Worte, die du gerade liest, oder das Buch an sich dich mit der Quelle verbinden, ist unerheblich. Wörter können sogar einen abstrakten Überbau schaffen, der dir den Zugang erschweren kann. Aber du benötigst nicht deinen Verstand, um zu verstehen.

Du benötigst noch nicht einmal *dieses Buch*. Und auch kein anderes. Wie könnten Wörter dir erklären, was du als tiefes Wissen bereits in dir hast? Dennoch bist du auf der Suche. Auf der Suche nach Erklärungen. Nach Erklärungen und Hinweisen, dass du mit dieser Erfahrung nicht allein bist. *Ihr verlangt nach Sicherheit,* die in der äußeren Welt nicht existiert. Ein Buch kann man sehen und anfassen. Wenn in dem Buch steht, was du in dir bereits weißt, dann kannst du dir die Berechtigung erteilen, deinem inneren Wissen zu trauen. Du kannst dir vertrauen. Besonders, wenn es ein berühmter Autor ist, der millionenfach gelesen wird; dann fühlt sich dein inneres Wissen noch bestätigter. So viele Menschen können sich nicht irren. Dann ist da tatsächlich etwas dran, dann kannst du aufhören mit deinem Zweifel. Dann fühlst du eine Sicherheit, dass das, was du erahnst, erspürst und ohne äußere Beweise weißt, *auch stimmt*.

Du kaufst Bücher und besuchst Seminare. Doch die Wahrheit, das Neue, will sich vielleicht nicht einstellen. Vermehrt hast du deine Einsichten einfach so, ohne etwas Spirituelles zu lesen oder zu hören. Deine Erkenntnisse kommen auf gänzlich unterschiedlichen Wegen zu dir. Dein Erwachen ist nicht planbar. Es geschieht nicht nur, indem du bestimmte Bücher liest. Es geschieht ganz einfach so. Das ist, was passiert.

Dennoch bist du auf der Suche. Du suchst Erleichterung, Du suchst Erklärungen. Du suchst Menschen, die das gleiche erleben wie du. Je mehr du die äußere Welt als Spiegel deines Inneren erkennst, desto mehr erkennst du, dass es in der äußeren Welt nichts gibt, woran du dich festhalten kannst. Du erkennst, dass die Sicherheit aus dir *selbst* kommen muss.

Und das macht dir Angst.

Was ist, wenn du es nicht schaffst, innere Souveränität zu erlangen? Was geschieht, wenn du die äußere Welt als Spiegel erkennst oder nicht erkennst? Wo ist dann deine Sicherheit? Wohin führt dann dein Weg?

All diese Gedanken und Überlegungen machen dir Angst. Damit bist du nicht allein. So gut wie alle Menschen verlieren zwischendurch das Vertrauen. Du musst Bekanntes, Altes loslassen, ohne zu wissen, was kommt. Es ist in Ordnung, dass dir das Angst macht. Die Welt gerät aus den Fugen. Alles, was du als gegeben und sicher kanntest, verliert an Substanz. An was kannst du dich noch halten? Was kommt da noch? Verlierst du alles im Außen, wenn du dich auf die Reise nach Innen begibst? Willst du dieses Risiko eingehen? Ist es nicht vielleicht doch angenehmer, alles so zu belassen, wie es ist? Was mag die Veränderung bringen? Möglicherweise wird es schöner, aber was, wenn nicht? Kannst du den Prozess noch stoppen? Wem kannst du davon erzählen? Dein Partner, deine Freunde, sogar ein Psychologe könnten dich für verrückt halten. Möglicherweise bist du das sogar. Wer weiß? Besser erzählst du zunächst niemandem von diesen wirren Gedanken. Vielleicht findest du ein Buch oder eine Person, die dir das alles erklärt, dann kannst du es immer noch jemandem anvertrauen. Du bist eh schon irgendwie komisch.

Warum machst du dir nur so viele Gedanken?

Warum kannst du nicht einfach so leben, wie so viele andere? Sie machen sich keine Gedanken und haben so wenig Zweifel. Sie leben einfach. Ja, sie konsumieren, was ihnen vorgesetzt wird und stellen vermeintlich nichts in Frage, aber sie haben ein einfaches Leben. Warum machst du es dir nur so kompliziert?

All diese Gedanken und Gefühle haben die Menschen zu allen Zeiten gehabt. Sie sind Teil des Erwachens. Du machst alles richtig. Du kannst es gar nicht falsch machen. Hört das irgendwann auf? Nein. Das Erwachen ist ein fortschreitender Prozess. Die Seele erkennt und erlebt sich durch dich. Seelen erfahren später im Kollektiv weiteres Erwachen. Es geht *immer* weiter. Wird es irgendwann leichter? Natürlich. Der Weg des Erwachens kann von dieser Sekunde an angenehm für dich sein. Du entscheidest. Solange du damit kämpfst, solange du darüber urteilst, solange du mit dem Erwachen oder der Art deines Erwachens nicht einverstanden bist, solange wird es nicht angenehm sein. Wie könnte es.

Wenn du jedoch beginnst zu akzeptieren, was ist, wenn du loslässt von Urteilen und von Deinen Vorstellungen, fängt es an, immer angenehmer zu sein. Dein Leben wird *abheben*.

Bedeutet es, dass du dann immer schneller ins Sein kommst? Nein. Es bedeutet, dass dein Erwachen angenehmer wird. Du kannst nichts beschleunigen. Du kannst lediglich aufhören, dich dagegen zu wehren.

Mache keinen Wettkampf aus deinem Erwachen. Gewonnen hat nicht der, der möglichst oft den vollkommenen Zustand des Seins erreicht. Es gibt keinen Gewinner, und niemand wird verlieren.

Begrüße den Zustand des Seins, wenn er eintritt, und lass ihn ziehen, wenn er sich verabschiedet. Verurteile dich nicht, wenn es dir selten gelingt, diesen Zustand zu erreichen. Bewerte dich nicht, wenn du noch nicht alles akzeptieren und annehmen kannst, was ist. Verurteile dich auch nicht dafür, dass du dich verurteilst. Alles darf so sein, wie es ist. *Du* darfst so sein, wie du bist. Du darfst alle Gefühle haben, die du hast.

Du bist nicht unvollkommen. Du erwachst. Das ist ein Prozess. Ein vollkommener Prozess.

Du bist ein Teil davon. Ein vollkommener Teil des Erwachens. *Du bist vollkommen.*

Die Seele macht keinen Fehler

Du machst immer häufiger die Entdeckung, dass deine Erkenntnisse aus einem Ahnen, aus einem Spüren, aus deinem Inneren kommen. Du kannst diesen Wahrnehmungen vertrauen. Du musst nicht alle deine Einsichten benennen können. Manche Wahrheit wird ohne den Gebrauch von Worten verstanden.

Fälle jedoch kein Urteil darüber. Bewerte nicht das, was du erkennst, als gut oder schlecht, und bewerte nicht, ob du viele oder wenige gute oder nicht gute Erkenntnisse hast. Bewerte auch nicht dein Bewerten. Du lebst in einer dualen Welt. Natürlich bewertest du. Dennoch wirst du bemerken, dass du mehr und mehr davon ablässt. Es wird dir immer häufiger gelingen, ohne ein Urteil auszukommen. Die Dinge sind, wie sie sind.

Was ist mit dem Erwachen, wenn du es nicht richtig machst? Was, wenn du einer falschen Fährte folgst? Was, wenn du die äußere Welt verlierst, aber die innere nicht findest? Dein Leben kommt dir ohnehin schon nicht sehr gelungen vor. Viel zu viel ist geschehen, was nicht geschehen sollte. Wäre es nicht sicherer, jetzt einfach mal einen geraden Weg einzuschlagen? Einen Weg, der sicher anmutet, bei dem du nichts falsch machen kannst? Einen Weg ohne Verluste, Mangel und Entbehrungen? Einen einfachen Weg? Warum muss es für dich immer so anders, so kompliziert, so unbefriedigend sein?

Du kannst während deines gesamten Erwachens pausieren. So, wie du auch auf langen Reisen eine Pause einlegen kannst. Du kannst auf jeder Stufe deines Erwachens Rast einlegen. Vielleicht gibt es Zeiten, in denen du von dem ganzen spirituellen Kram nichts mehr wissen magst, Zeiten, in denen du dich zurückziehst, Zeiten, in denen du dich um deine äußere Welt kümmerst. Tue das. Es spricht nichts dagegen. Du bist frei. *Du* entscheidest. Am Ende wirst du ohnchin erwachen. Und du bist mittendrin. Es ist unerheblich, ob du eine Pause vom bewussten Erwachen machst.

Dein Erwachen muss jedoch nicht schwer sein. Es kann leicht sein. Je mehr du die Kontrolle abgeben kannst an das, was geschieht, und je weniger du für oder gegen etwas bist, desto angenehmer wirst du erwachen.

Das Einfache und das Schwierige ist oft das gleiche. Kontrolle aufgeben ist gleichermaßen leicht wie schwer. Kontrolle aufgeben bedeutet nicht, dass du keine Pläne mehr machst, und es bedeutet auch nicht, dass du dich nicht mehr an Abmachungen mit anderen Menschen hältst, zum Beispiel mit deinem Partner oder Arbeitgeber. Es bedeutet auch nicht, dass du deinem Kind keine

Grenzen mehr setzt. Es bedeutet: Sei einverstanden mit dem, was geschieht. Verliere deinen Widerstand gegen das, was ist.

Wie kannst du Widerstand gegen das haben, was ist? Es *ist*. Es *ist*, wenn du damit einverstanden bist, und es *ist*, wenn du nicht damit einverstanden bist. Und je mehr du dagegen ankämpfst, desto mehr erschaffst du das, was *ist*.

Wie kannst du mit den großen Ungerechtigkeiten der Welt einverstanden sein? Wo kämen wir hin, wenn alle damit einverstanden wären, wenn niemand mehr etwas dagegen unternehmen würde? Wenn alle alles hinnehmen würden? Nichts kann dauerhaft bestehen, wenn es keine Energie bekommt. Solltest du also alles ignorieren? Nein. Ignoranz ist Aufmerksamkeit. Es bedeutet nicht, dass du wegschauen sollst und dabei schlechte Gefühle hast. Es bedeutet die bloße *Akzeptanz* dessen, was ist. Denn es gibt einen Unterschied zwischen Ignoranz und Akzeptanz. Wenn du etwas ignorierst, leugnest du dessen Existenz, während du es wahrnimmst. Wenn du etwas akzeptierst, erkennst du an, dass dies oder jenes existiert. Du speist es aber nicht mit deiner Energie, mit deiner Aufmerksamkeit.

Das mutet zunächst wie eine unlösbare Herausforderung an. Stelle an dich nicht den Anspruch, es sofort zu können. Es reicht, wenn du dich dabei beobachtest. Beobachte dich, wenn du etwas entdeckst, was dir nicht gefällt. Beobachte, ob du dagegen anzukämpfen versuchst.

Beobachte, ob du den Impuls hast, es zu ignorieren. Beobachte dich. Dein Dich-Beobachten ist Teil des Erwachens. Durch dein Dich-Selbst-Beobachten wirst du dich dramatisch wundervoll verändern.

Und wenn du das nicht sofort kannst? Wenn du viel zu lange dafür brauchst? Wenn du bemerkst, dass du keinen Schritt weiterkommst? Was, wenn es dir nicht gelingt, *nicht* zu urteilen? Was, wenn du nicht akzeptieren und annehmen kannst?

Sei gnädig mit dir, denn deine Seele ist es auch. Wenn du das Gefühl hast, dir selbst beim Scheitern zuzuschauen, dann *erkenne*, dass du dir selbst zuschaust. Das ist ein bewusster Prozess. Und genau darum geht es. Du machst alles richtig. Und du verstehst, dass richtig hier nicht das Gegenteil von falsch ist. Du machst. Und es ist. Kannst du die Wahrheit dahinter erkennen? Du musst nicht ein vollständiges Bild von dem, was passiert, von deinem Prozess oder von den Umständen haben. Es geschieht. Und es ist richtig.

Vielleicht bemerkst du, dass dir, während du dieses Buch liest, immer wieder die Augen zufallen. Vielleicht schläfst du sogar dabei ein. Wenn dies geschieht, verbindet sich deine Seele mit der Quelle, der diese Worte entspringen. Wenn dies *nicht* geschieht, wird sich deine Seele dennoch nachts mit der Quelle verbinden. Sie verbindet sich schon beim Lesen oder Betrachten dieses Buches. Gib ihr Gelegenheit und Zeit dazu. Es ist möglich, dass du immer wieder die gleichen Sätze liest und dein Verstand nicht versteht. Mache dir keine Gedanken, deine Seele versteht und nutzt das, was sie für dein Erwachen benötigt.

Es ist, als höre deine Seele die Worte, die sie so lange ersehnt und vergessen hatte. Es ist wie ein Ruf aus der Vergangenheit, aus der Zukunft, aus einer anderen Dimension, der Dimension des Lichts, des All-Eins-Seins. Vertraue. Deine Seele macht keine Fehler.

Wird dein Erwachen so aussehen, wie du es dir vorstellst? Nein. Wie könnte es? Deine Vorstellungen kommen aus deinem Verstand. Dein So-Sein ist losgelöst von deinem Verstand.

Du hast Angst, dass du beim Erwachen einen Zustand erreichst, in dem dir die äußere Welt egal wird und du dein jetziges Leben aufgeben musst. Du findest Erwachen gut, solange du die Garantie hast, dass du nicht plötzlich bitterarm wirst oder bleibst, deine Arbeit, deinen Partner, dein Haus oder deine Freunde verlierst. Du möchtest vielleicht auch nicht verloddert oder in lila Gewändern herumlaufen und Hare Krishna singen.

Solange du Angst vor dem Erwachen hast, hältst du fest. Du hältst fest an einem Leben, das du eigentlich gern ändern und verbessern würdest.

Du würdest es ändern, wenn du genau wüsstest, wie es sich ändern ließe. Dann würdest du dein bisheriges Leben eintauschen. Sonst lieber nicht. So toll kann das Erwachen ja nicht sein, wenn man nicht weiß, was man dann hat oder sogar verliert.

Es mag ja sein, dass es erstrebenswert ist zu erwachen, aber bitte nicht auf diese Weise. Erwachen ist schon okay, wenn du dies und jenes behalten darfst. Aber es darf nicht so enden wie bei Gandhi. In Tücher gehüllt auf einem Stein zu sitzen ist keine Option. Erwachen ja, aber bitte mit etwas Komfort.

Niemand kann dir sagen, wie dein Erwachen aussieht. Vielleicht ändert sich dein äußeres Leben gar nicht. Vielleicht lebst du nach außen genau das gleiche Leben weiter. Nur dass du innerlich erwacht bist, dass du jetzt aus deinem inneren Frieden heraus entscheidest und beobachtest.

Möglicherweise ändert sich dein Leben auch dramatisch. Das Leben ändert sich ohnehin. Sonst wäre es nicht das Leben. Jede Veränderung dient deinem Erwachen. Gleichzeitig veränderst du deine Außenwelt durch dein Erwachen.

Du fragst dich: Wird es wenigstens besser? Erwachen ist kein linearer Prozess. Es wird Umstände geben, die du als positiv beurteilst, und es wird Ereignisse geben, die du als negativ beurteilst. Doch so geschieht es auch, wenn du nicht erwachst.

Während du immer mehr erwachst, wirst du zunehmend erkennen, dass kein Ereignis wirklich positiv oder negativ sein kann. Es *ist*. Je mehr du anerkennst, dass ein Umstand oder ein Ereignis *ist*, desto mehr fallen deine Bewertungen von dir ab. Wenn deine Bewertungen von dir abfallen, gelangst du in deine Mitte. Du gelangst in den Frieden. In echten Frieden. Immer etwas mehr. Bis du erkennst, dass du Frieden bist. Du bist das Sein. Du *bist*.

Sind in diesem Zustand des Friedens deine äußeren Umstände wenigstens zufriedenstellend? Wie könnten sie es nicht sein? Dein Mangel rührt her von deinem Kampf gegen oder für Fülle, oder gegen Mangel. Du hast diese Erinnerungen an Mangel und Fülle in dir. Du hast sie in vielen Leben gesammelt. Es ist nun an der Zeit, diese Erinnerungen aufzulösen. Du musst dafür nichts tun. Es geschieht. Vielleicht lernst du eine Methode zur Beschleunigung dieses Prozesses kennen. Vielleicht auch nicht. Deine Seele wird für dein Erwachen alles bereitstellen, was sie benötigt.

Du musst nicht besonders aufmerksam sein oder erkennen müssen, ob diese oder jene Methode die richtige ist. Alles, was du nutzt, wird deinem Erwachen dienen. Es kann gar nicht anders sein. Und dann, wenn du nicht mehr gegen den Mangel ankämpfst, wenn du nicht mehr versuchst, Fülle zu erlangen, wird sich die Fülle in gravierender Form über dich ergießen.

Wann wirst du fertig sein mit diesem Prozess? Das Erwachen ist ein fortlaufender Prozess. Es gibt kein Ende. Es geht weiter und weiter, und wenn es an einem bestimmten Punkt angelangt ist, geht es immer noch weiter. Bestimmte Prozesse wird die Seele im Kollektiv durchlaufen. In diesem Leben jedoch entwickelt sich die Seele individuell auf Körperebene. Sie entwickelt sich durch dich. Durch dein Erwachen erwacht die Seele. Die Seele benötigt den Prozess der Bewusstwerdung, der durch dich geschieht.

Kannst du diesen Prozess anhalten? Du kannst entscheiden, dich dem Erwachen zu entziehen. Du kannst dich künstlich am Schlafen halten. Dies ist jedoch lediglich wie eine Pause. Den Prozess des Erwachens kannst du nicht unterbinden. Er geschieht.

Welchen Nutzen hast du vom Erwachen? Das Erwachen ist ein Prozess, der unausweichlich stattfindet. Die Seele erfüllt ihren Plan. Du als Ego wirst sogar etwas verlieren. Dein Ego. Das bedeutet nicht, dass es schlecht ist, ein Ego zu haben. Du benötigst dein Ego, um dir all dieser Prozesse bewusst zu werden. Du brauchst dein Ego, um Mangel zu empfinden und um eine Motivation zu entwickeln, Antworten auf deine Fragen zu finden. Dein Ego gehört zum Erwachen.

So oft hast du gehört, dass dein Ego an allem schuld ist, und du hast dich dafür selbst verurteilt, ein Ego zu haben. Natürlich hast du ein Ego. Und es leistet dir gute Dienste. Es macht seinen Job sogar sehr gut. Du darfst dich fein fühlen damit.

Das Ego ist *nicht* das Gegenteil des Sein-Zustandes. Es ist Teil des Erwachens, Teil des Prozesses. Das Ego hat eine absolute Daseinsberechtigung. Wie könnte es anders sein? Es *ist*. Kämpfe nicht gegen dein Ego. Es *ist*. Im Verlauf deines Erwachens bemerkst du, dass dein Ego immer Teil der Entwicklung ist. Es ist da, du kannst es jederzeit einsetzen. Du lässt es jedoch immer häufiger los.

Was ist, wenn du nicht schnell genug bist, wenn du nicht schnell genug vom Ego zum Sein kommst? Du musst so viel beachten, worauf du deine Aufmerksamkeit richtest, dass du nicht urteilst, du musst den Zustand des Seins initiieren, du musst dich beobachten und darfst nicht gegen etwas sein oder kämpfen. Gleichzeitig darfst du auch nicht ganz aus der Ordnung fallen und musst irgendwie im Außen klar kommen, und ganz nebenbei musst du eben deinen Alltag auch noch irgendwie bewerkstelligen.

Dein Erwachen hat kein Ziel außer dem Erwachen selbst. Das Erwachen ist das Ziel. Der Prozess ist das Ziel. Du befindest dich zu jeder Zeit am Ziel. Selbst wenn du die Entwicklung unterbrichst. Es ist Teil des Prozesses und Teil des Plans und daher das Ziel. Es gibt kein besser oder schneller. Es gibt nur den Prozess, die Entwicklung. Auch wenn du pausierst. Du bist immer am Ziel. Dieses Wort ist nicht mit der Bedeutung eines Ziels bei einem Wettkampf zu verstehen. Du ahnst und du weißt, wie es gemeint ist. Es gibt kein Ziel, und es ist immer das Ziel. Weil jeder Moment vollkommen ist. Kannst du es spüren?

Ist das alles nicht ziemlich blöd? Vielleicht willst du lieber dein Ego behalten, deine Ruhe haben und dich hypnotisieren lassen. So schlimm ist das jetzt auch wieder nicht. Oder? Du kannst mit dem Prozess pausieren. Es gibt nun mal Seelen, die in diesem Leben nicht erwachen. Haben sie es besser? Auch sie werden irgendwann erwachen. Zu einer anderen Zeit auf eurer linearen Zeitachse. Ihr könnt es damit vergleichen, dass nicht alle Menschen zur gleichen Zeit eingeschult werden, nicht alle Menschen zur gleichen Zeit Abschlussprüfungen machen und nicht alle Menschen in diesem Leben *überhaupt* in die Schule gehen.

Muss man das Leben also als eine Aneinanderreihung von Lektionen und Prüfungen verstehen? Nicht unbedingt. Dein Leben dient dem Erwachen deiner Seele auf Bewusstseinsebene. Als Seele ist sie schon alles, was sie je werden kann. Sie muss aber noch den Weg des Bewusstseins gehen. Diesen Weg geht sie durch dich in all deinen Inkarnationen.

Fast alle Seelen erwachen aufgrund von Umständen, die nicht als angenehm empfunden werden, oft sogar durch die Wiederholung solcher Umstände. Je mehr die Seele durch dich erwacht, desto weniger benötigst du bestimmte Umstände für dein Bewusstwerden.

Es kann sein, dass dein Prozess des Erwachens geschieht, wenn du andere Menschen beobachtest. Es ist möglich, dass du *satori-* oder *kundalini-*Momente erlebst. Vielleicht hast du auch plötzlich Gedanken und Empfindungen, die deinem Erwachen dienen. Es wird immer leichter. Und angenehmer. Das ist die gute Nachricht.

Gibt es auch eine schlechte Nachricht? Du kannst nicht *nicht* erwachen. Für die meisten dürfte das eine gute Nachricht sein. Oder einfach nur eine Nachricht. Du bist Frieden. Immer mehr.

Wirst du all deine Freunde verlieren, wenn du die oder der Einzige in deinem Umfeld bist, der erwacht? Du kennst die Antwort. Du willst sie nur noch mal hören. Zur Sicherheit. So, wie du auch dieses Buch nur zur Sicherheit benötigst. Zur Sicherheit, dass alles richtig läuft mit deinem Erwachen. Wie könnte Erwachen *nicht* richtig laufen? Und dennoch. Du kannst nicht mit jedem darüber reden, und du musst es noch mal und noch mal lesen und brauchst Bestätigung. Dieser Weg ist nämlich neu für dich. Und das Neue macht dir Angst. Du hast Angst, etwas zu verlieren. Dein Geld, dein Haus, deine Freunde, sogar deinen Mangel.

Wenn du dich änderst, verändern sich auch deine Freundschaften. Das weißt du. Und du weißt außerdem, dass es sein kann, dass Beziehungen sich auflösen. Entweder weil du gehst oder weil jemand anderes geht. Du hast Angst vor diesem Verlust und vor dieser Veränderung. Du hast Angst vor dem Schmerz, der durch Verlust entsteht. Dann ist dir der Preis zu hoch, dann willst du lieber doch nicht erwachen. Du willst dann lieber nicht erwachter sein als dein Partner oder deine beste Freundin.

Das ist verständlich. Und menschlich. Vielleicht werden deine Beziehungen sich verändern. Das passiert im Leben jedoch ohnehin. Etwas bleibt oder etwas geht. Irgendwann löst sich jede Form auf. Es ist verständlich, dass du an etwas oder jemandem festhalten möchtest. Und je mehr du festhältst, desto mehr verlierst du. Das weißt du. Du willst es aber nicht wahrhaben.

Du scheust die Veränderung. Weil Veränderung manchmal etwas bringt, was du als gut bewertest, und manchmal etwas, was du als schlecht bewertest. Dann willst du lieber keine Veränderung. So schlecht ist der jetzige Zustand ja auch nicht. Du weißt ja nicht, was kommt. Es könnte noch schlechter werden. Es könnte auch besser werden, ja. Aber weil du es nicht weißt, möchtest du lieber nichts verändern. Oder du möchtest die Veränderung kontrollieren.

Für echtes Erwachen musst du die Kontrolle *aufgeben*. Das bedeutet nicht, dass du ab jetzt dein Leben nicht mehr weiterlebst, dass du nicht mehr zur Arbeit gehst oder keine Pläne mehr machst. Es bedeutet lediglich, dass du dem Ergebnis deines Tuns nicht mehr so viel Bedeutung beimisst. Es kann so geschehen. Oder auch so. Das kann dann vielleicht angenehm sein oder auch nicht …

Wenn du erwachst, tust du etwas, aus deinem inneren Frieden heraus, nicht um ein bestimmtes Ergebnis zu erreichen. Du tust es ganz einfach, weil du es tust. Erwachtes Handeln führt dich immer zum richtigen Ergebnis. Und auch hier ist richtig nicht das richtige Wort. Weil es gar kein Falsch gibt.

Du handelst im Hier und Jetzt. Es gibt ja auch nichts anderes als das Hier und Jetzt. Und dein Handeln wird im folgenden Hier und Jetzt (das ja nicht folgt, sondern das gleiche Hier und Jetzt ist, aber dein Verstand muss es irgendwie nachvollziehen können) ein Ergebnis hervorbringen. Oder auch nicht. Und das Ergebnis wird gut sein oder auch nicht gut, und du weißt genau, gut oder nicht gut gibt es ebenfalls nicht.

Je mehr du erwachst, desto mehr handelst du, um zu handeln. Nicht für das Ergebnis. Und weil dein Handeln aus dem Frieden, aus dem Sein, aus dem Ist heraus geschieht, wird das Ergebnis dem Frieden, dem Sein, dem Ist entsprechen. Und das ist das Erwachen.

Der jetzige Moment

Ist deine innere Stimme, deine Intuition der Weg zum Erwachen? Dein erwachtes Handeln geschieht aus dir selbst heraus. Deinem erwachten Handeln muss kein Gedanke, noch nicht einmal eine Intuition vorausgehen.

Wie kannst du den Zustand des Erwachens erreichen? Du musst nichts tun. Das weißt du. Wenn du bemerkst, dass du etwas tust und ganz im Hier und Jetzt bist, ohne Gedanken, dann bist du gerade aus dem erwachten Handeln herausgefallen, denn wenn du es bemerkst, bist du nicht mehr vollständig im Sein. Vielleicht hast du noch eine Idee, wie es sich anfühlte.

Vielleicht erlebst du auch solche Momente, wenn du Blumen umtopfst oder etwas Handwerkliches tust, vielleicht wenn du einen Marienkäfer, der über deinen Arm läuft, betrachtest.

Je mehr du erwachst, desto häufiger wirst du solche Momente erleben. Was du empfindest, wenn du voll und ganz im Sein bist, wird sich ausweiten auf immer mehr Situationen.

Vielleicht fällt es dir in bestimmten Situationen zunächst leichter, ins Sein zu kommen. Nach und nach wirst du bemerken, dass du immer häufiger auch in anderen Situationen ganz im Sein bist. Vielleicht erlebst du solche Momente während einer Besprechung bei der Arbeit oder wenn du eine eMail beantwortest.

Verlierst du in solchen Momenten nicht den Zugang zur äußeren Welt? In solchen Momenten bist du vollständig präsent. Du bist das Sein. Du bist. Du handelst im vollständigen Sein. Du wirst die eMail beantworten und du wirst Teil dieser Besprechung sein. Vollständig im Hier und Jetzt. Der Zugang, den du in diesem Moment zum Sein hast, fließt in die Besprechung und in deine eMail ein. Deine Worte und deine Präsenz sind lediglich die Transportmittel. So berührt das Sein jeden, der dir begegnet, und jeden, der mit dir in Kontakt tritt. Manche Menschen werden das bemerken, ohne zu wissen, was es ist, und andere werden es nur unbewusst wahrnehmen. Auf diese Art verbreitet sich das Erwachen. Durch dein Sein können sich andere Seelen erinnern und ihr eigenes Erwachen initiieren. Oder auch nicht. Es *ist*.

Bist du etwas Besonderes, wenn du erwachst? Dein Erwachen wird besonders sein. Wie könnte es anders sein. Besonders oder auch nicht. Du selbst bist nicht durch dein Erwachen besonders. Du als Mensch bist nicht automatisch durch das Erwachen deiner Seele jemand Besonderes. Und doch bist du es. Verstehst du? Und wenn du es nicht verstehst, so spürst du es. Oder auch nicht. Es macht keinen Unterschied.

Manchmal möchtest du den Ist-Zustand für immer behalten. Du kämpfst dagegen an, dass er vergehen muss. Jede äußere Form vergeht.

Du hast Urlaub oder Wochenende und bemitleidest dich, weil du nicht immer frei haben kannst. Du hast ein schlechtes Gefühl. Du empfindest Abneigung gegenüber den äußeren Umständen. Doch die äußeren Umstände sind nicht die Ursache für dein Unwohlsein. Dein Unwohlsein und sogar auch die äußeren Umstände haben ihre Ursache in deinen Bewertungen und Gefühlen.

Es ist absurd. Du hast frei und fühlst dich unfrei, weil du nicht immer frei hast. Wenn du absolute Freiheit bist, dann hast du auch im Außen frei oder du fühlst dich frei. Das ist die Souveränität, die du erlangst, wenn du erwachst.

Wie machst du das? Es scheint eine unlösbare Aufgabe zu sein, denn du bist im Außen nicht frei. Du musst Dinge erledigen und Sachen machen, zu denen du keine Lust hast. Du musst aufstehen, deinen Schlaf abbrechen und zu bestimmten Uhrzeiten an bestimmten Orten sein, an denen zu nicht sein möchtest, um Dinge zu tun, die du nicht magst.

Wie kannst du dich da frei fühlen? Wie kannst du da im Inneren frei sein? Es ist so viel einfacher, erst im Außen frei zu sein und sich dann frei zu fühlen. Doch so funktioniert es nicht. Das, was du bist, das, womit du dich vollständig identifizierst, das wird im Außen erscheinen. Solange du gegen das Nicht-Frei-Sein ankämpfst, erschaffst du deine Unfreiheit.

Vielleicht kannst du das glauben. Aber wie soll das gehen? Es mutet so unendlich schwierig an. Doch genau das ist die Aufgabe eines vollkommenen Schöpfers.

Schöpfer bist du schon. Seit du denkst und fühlst, bist du der Schöpfer deiner Realität, der Umstände, die dich umgeben. Ein vollkommener Schöpfer ist sich seiner Schöpferkraft jederzeit bewusst und setzt nur noch Ursachen für Umstände, die er wünscht.

Kannst du das erreichen? Kannst du ein vollkommener Schöpfer werden? Ein vollkommener Schöpfer zu werden ist ein Prozess, der nie aufhört. Dein Bewusstsein wird immer weiter wachsen, und du wirst deine Schöpferkraft immer bewusster und erfolgreicher einsetzen.

Wenn du erwachst, wirst du immer häufiger das erschaffen, was dir angenehm ist. Und das sind ganz und gar nicht die Dinge, die du dir sehnlich wünschst. Wenn du dir sehnlich etwas wünschst, sagst du dem Universum: Ich habe hier einen großen Mangel, der behoben werden muss. Und was geschieht, wenn du sagst, dass du einen Mangel hast? Genau, du erschaffst Umstände, die deinen Mangel *bestätigen*.

Wenn du erwachst und immer weniger der Dualität verhaftet bist, erschaffst du aus dem Sein, aus dem Frieden heraus. Es kann passieren, dass du denkst: *Jetzt könnte ich diesen oder jenen Gegenstand gut gebrauchen.* Aber es ist nicht dein Ego, das diesen Gegenstand benötigt. Aus deinem Sein heraus hast du gespürt, dass dir dieser Gegenstand nützlich sein kann. Je mehr du erwacht bist, desto schneller wird sich dieser Gegenstand für dich manifestieren. Bis er sich wieder auflöst. Weil du ihn nicht mehr benötigst.

Solange du träumst, dir dein Leben in deiner Fantasie erträumst, kommen deine Wünsche nicht aus deinem Sein heraus. Wünsche, die aus deinem Sein heraus kommen, können sich sehr schnell manifestieren, schneller, je erwachter du bist.

Was ist, wenn aus deinem Sein Wünsche kommen, die du im Grunde nicht haben willst? Solange du glaubst, dass du dein Ego brauchst, um deine Gedanken und Wünsche zu kontrollieren, kommst du nicht dauerhaft in den Zustand des Seins, der es dir ermöglicht, in die bewusste Schöpferkraft zu gelangen. Im Zustand des Seins erschaffst du genau das, was dich All-Eins-Sein lässt.

Sind dann alle Wünsche, die du mit deinem Ego manifestierst, falsch? Nein. Auch das dient deinem Erwachen. Wenn es dir gelingt, Wünsche zu manifestieren, bist du auf dem Weg zum Erwachen. Es kann jedoch sein, dass du diese Wünsche nicht benötigst, wenn du in deinem Frieden bist. Es ist nicht erheblich. Spiele damit. Oder spiele nicht damit. Du kannst es nicht falsch machen. Die Wünsche des Egos sind eine Einladung, die Schöpferkraft zu trainieren. Wir begrüßen das.

Du wirst feststellen, dass du, wenn du ganz im Sein bist, die meisten deiner Wünsche und Wunscherfüllungen nicht benötigst, um diesen Zustand zu erleben. Was du darüber hinaus als Schöpfer erschaffst, ist unerheblich. Du bist nicht schlechter im So-Sein, wenn du Millionär bist, und du bist nicht besser, wenn du ein Bettler bist. Es ist unerheblich. Im Sein bist du im Sein. Mehr gibt es nicht. Und auch nicht weniger.

Kannst du dir dein Erwachen angenehmer gestalten? Die meisten Menschen erwachen nicht aus ihrer Komfortzone heraus. Deshalb schafft die Seele Umstände und Ereignisse, die dem Erwachen dienlich sind. Diese Umstände werden von den Menschen häufig als unangenehm empfunden. Oft sind es jedoch genau diese Umstände, die von euch im Nachhinein als Segen bezeichnet werden. Sie sind Segen, weil sie eine Veränderung bewirken. Eine Veränderung, die oft mit einem Verlust in der Außenwelt einhergeht. Genau dieser Verlust erweist sich dann als Bereicherung. Etwas ist gegangen oder genommen worden, und etwas anderes ist gekommen. Vielleicht hast du deine Arbeit, deinen Partner oder deine Gesundheit verloren. Womöglich bist du dadurch nach Innen gegangen. Vermutlich bist du ein Stück wacher geworden. Je erwachter du wirst und je häufiger du im Sein bist, desto angenehmer wird dein weiteres Erwachen sein. Du benötigst keine Katastrophen mehr.

Je mehr du erwachst, desto klarer wirst du. Es fällt dir immer leichter, Entscheidungen zu treffen. Weil du klar bist. Weil du bist. Manchmal glaubst du, in einer

Dauerschleife gefangen zu sein. Vermeintlich. Immer wieder wirst du unklar, trübe und vernebelt sein, und immer wieder wirst du erwachen. Doch erwachst du jedes Mal ein bisschen höher. Oder ist es tiefer? Du kannst dein Erwachen nicht verhindern. Und du kannst es nicht initiieren. Deine Seele entscheidet.

Wird sich dein Leben denn verändern, wenn du erwachst? Auch diese Antwort kennst du. Du willst es nur noch einmal hören, um sicher zu gehen, doch du kennst die Antwort bereits. Du kennst sie schon seit Anbeginn der Zeiten. Die Seele in dir weiß alles. Dieses reine Bewusstsein in dir kann sich jedoch nur durch den Körper erfahren. Ihr seid der Körper Gottes, der sich durch euch erfährt und zum Ausdruck bringt.

Dein Leben kann sich nicht *nicht* ändern, unabhängig davon, ob oder wie sehr du erwachst. Dein Leben verändert sich ständig. Du kannst alles bekommen und alles verlieren. Wenn du im Sein bist, wenn du erwachst, bist du klar und präsent, du kannst keinen Mangel empfinden. Wie könntest du? Je häufiger du im Sein bist, desto seltener wirst du Mangel empfinden. Wenn du keinen Mangel empfinden kannst, kannst du keinen Mangel manifestieren. Siehst du die Göttlichkeit darin?

Wenn du jedoch versuchst, den Sein-Zustand zu erreichen, um den Mangel zu beseitigen, wird es nicht gelingen. Weil du etwas gegen den Mangel tust. Wenn du deine Aufmerksamkeit *gegen* etwas richtest, erschaffst du genau das, was du ablehnst.

Sei im Sein, um im Sein zu sein. Es ist schön. Wunderschön. Es *ist*. Und schön und wunderschön sind nur Worte, die etwas befördern, was anders ist als schön und wunderschön. Es *ist*.

Du kennst diesen Zustand. Manche Menschen sind in diesem Zustand, wenn sie ihrem Hobby nachgehen. Manche Menschen sind während des Sex im Sein. Es gibt viele Wege. Am Anfang kannst du versuchen, diesen Zustand herzustellen, indem du etwas machst, bei dem du diesen Zustand bereits erlebt hast. Möglicherweise hast du diesen Zustand bereits erlebt, wenn du in die Wolken schautest oder Katzen streicheltest, Wände gestrichen oder einen Tisch gebaut hast. Je häufiger du diesen Zustand absichtlich herbeiführst, desto häufiger wirst du ihn auch in gänzlich anderen Situationen erleben.

Wir wiederholen uns? Du willst es doch wissen. Im Grunde bedarf es dieses Buches nicht. Du weißt bereits alles, was du wissen musst. Du hättest dieses Buch auch selbst schreiben können. Dennoch fühlt es sich für dich sicherer an, wenn du ein Buch liest, das von einem Verlag veröffentlicht wurde und das Tausende andere Menschen auch lesen. Dann ist es wie eine Bestätigung, dass das, was du selbst hättest aufschreiben können, stimmt, dass du recht hast mit deinen Erkenntnissen, Gedanken und Vermutungen. Deshalb die Wiederholungen. Deshalb dieses Buch.

Und wenn wir uns alle irren? Wenn wir alle den gleichen Gedankenfehler machen? Sogar wir? Nun, dann dient auch dies unserem Erwachen. Oder auch nicht. Wir können uns lösen von Richtig oder Falsch. Jetzt ist es das, was ist. Wenn du mit dem, was ist, einverstanden bist, bist du in der vollkommenen Akzeptanz und im vollkommenen Sein. Mehr bedarf es nicht. Du *bist* bereits. Deine Seele *ist* bereits. Dein Erwachen dient der Bewusstwerdung all dessen. Dann begibst du dich über das Bewusstsein. Ins So-Sein. Im Schlaf bist du *unter* dem Bewusstsein. Um zu erwachen, reicht es nicht aus, *unter* dem Bewusstsein zu sein. Das Bewusstsein ist notwendig, um den Zustand des So-Seins zu erreichen. Im So-Sein fällt das Bewusstsein von dir ab. Du bist Bewusstsein. Du bist voll und ganz. Das Bewusstsein ist kein Teil von dir mehr. Du bist Bewusstsein. Das ist das Erwachen.

Möglicherweise geht dir dieses ganze Erwachen auch viel zu langsam. Du hättest nichts dagegen, dich ab jetzt immer im vollkommenen Sein aufzuhalten. Deine äußere Welt findest du ohnehin nicht so spannend. Deine inneren Prozesse haben dich seit jeher mehr interessiert. Die äußeren Umstände gefallen dir eigentlich auch gar nicht so gut. Da gibt es eMails, die beantwortet werden müssen, Menschen, die etwas von dir wollen, Anrufe, die entgegengenommen werden sollen, Dinge, die zu erledigen, und Rechnungen, die zu bezahlen sind. Du hast *absolut* nichts dagegen, hier und jetzt in den Zustand des Seins einzutreten. Du willst sowieso nicht noch einmal inkarnieren. Dann kannst du auch einfach jetzt schon in diesen schönen Zustand eintreten.

Nun, was machst du, wenn du solche Gedanken hast? Du sagst, dass dir die Welt nicht gefällt. Du findest die äußeren Umstände unerträglich oder inakzeptabel, und du beschwerst dich darüber, dass die Entwicklung nicht schnell genug vonstatten geht. Schließlich hast du schon eine Menge innere Arbeit geleistet, weitaus mehr als so mancher andere. Und irgendwann muss auch mal gut sein. Dein Bemühen soll jetzt endlich anerkannt und belohnt werden.

Du kannst im Außen nur sehen, was du in dir hast. Alles, was dir im Außen geschieht, alles und jeder ist ein Spiegel, ein Prophet. Das, was dir nicht gefällt, hast du auch in dir. Mag sein, dass es dir nicht bewusst ist. Mag sein, dass du es leugnest. »Also, das habe ich mit Sicherheit nicht in mir. Das wüsste ich aber.«

Es kann sein, dass du diese Anteile in anderen Leben zum Ausdruck gebracht hast. Es ist möglich, dass du diese Anteile auch in diesem Leben hast. Vielleicht bist du betriebsblind, wie ihr es ausdrücken würdet.

Wenn dir jemand begegnet, den du nicht magst, der dir ein Verhalten zeigt, das du ablehnst, kannst du dich fragen: Was von dieser Person mag ich nicht an mir? Und doch ist es nicht notwendig, dass du dir solche Fragen stellst. Es reicht, wenn du akzeptierst, dass du diesen Anteil in dir hast, auch wenn du ihn ablehnst oder nicht sehen kannst.

Wenn du dich dabei beobachtest, dass du diesen Teil von dir ablehnst, oder wenn du dich dabei beobachtest, dass du nicht akzeptierst, so einen Teil in dir zu haben, ist auch dies ein Teil deines Erwachens.

Zwischen den Leben gibt es die Große Pause. Da entwickelt sich die Seele nicht. Da ist sie vollständig im Sein. Warum also der ganze Aufwand, wenn die Seele diesen Zustand ohnehin kennt und immer wieder automatisch erreicht? Die Seele erfährt sich durch dich. Durch dein Bewusstwerden wird die Seele bewusst. Die Seele braucht dich, und du brauchst die Seele. Auch wenn auf einer höheren Ebene alles Eins ist. Du spürst die Essenz hinter diesen Worten.

Das ist der Grund, warum du für niemanden bestimmen kannst, ob oder wie er erwacht. Die Seele entscheidet das. Du kannst nicht einmal für dich selbst bestimmen, wann oder wie du erwachst. Diese Entscheidung wird von deiner Seele getroffen. Dennoch kannst du dein Erwachen angenehmer gestalten.

Du verstehst. Du verstehst, weil du es tief in dir weißt. Weil du mit der Quelle verbunden bist. Du hättest dieses Buch ebenfalls schreiben können. Jeder, der mit der Quelle verbunden ist, kann das. Dazu ist es nicht notwendig, dass du zu jedem Zeitpunkt mit der Quelle verbunden bist.

Kann es dann sein, dass in diesem Buch Fehler enthalten sind? Schließlich kommt es von einer irdischen Person, die auch noch ein Ego hat und zugibt, dass sie nicht immer mit der Quelle verbunden ist. Wie kannst du sicher gehen, dass das, was du liest, stimmt? Nicht, dass du dich danach richtest, und irgendwann heißt es, dass das alles großer Unfug war?

Dieses Buch entspricht deinem jetzigen Erwachen. Sonst würdest du es nicht jetzt lesen. Vielleicht ist es eine Treppenstufe für dein Erwachen. Vielleicht gibt es darin Sätze, die dich erkennen lassen, dass es so nicht ist. Dann dienen diese Sätze deinem Erwachen. Wenn das so ist, dann bräuchtest du dieses Buch im Grunde ja auch gar nicht lesen. Du brauchst überhaupt nichts lesen, hören oder machen, um dein Erwachen zu beeinflussen. Du erwachst ohnehin. Vielleicht tut dir dieses Buch gut. Möglicherweise auch nicht. Du bist nicht besser oder schneller erwacht, wenn du es liest oder für gut befindest. Im Grunde ist es unerheblich, was du tust. Erwachen wirst du.

Dann brauchst du dich ja gar nicht mit dem ganzen spirituellen Kram abgeben, einfach ein schönes Leben leben und schauen, was passiert. Ja! Du liest diese Bücher, weil du es willst. Niemand zwingt dich dazu. Du wirst auch erwachen, wenn du andere oder keine Bücher liest. Selbst, wenn du nicht lesen kannst, wirst du erwachen. Wie könnte es anders sein? Wie könnte man annehmen, dass das Erwachen denen vorbehalten ist, die Lesen und Schreiben gelernt haben und die eine Menge Geld für teure Seminare ausgeben? Nichts davon ist erforderlich.

Eckhart Tolle wurde einmal gefragt, welches Seminar aus einem Angebot von sehr vielen Seminaren er empfehlen könnte. Er las sich das Angebot sorgfältig durch und sagte dann sinngemäß: »Viele dieser Seminare klingen interessant. Aber ich kenne eine Methode, die nach einem Jahr wirksamer ist, als wenn Sie alle diese Seminare besuchen.« Er fuhr fort: »Wenn Sie jeden Tag zwei bis drei Mal bewusst atmen, haben sie mehr davon, als wenn sie alle diese Seminare besuchen. Sie müssen nicht lange über ihren Atem meditieren. Es genügt, wenn Sie sich ihres Atems zwei bis drei Mal jeden Tag bewusst werden. Das ist alles.«

Das Große ist so einfach. Das Große Erwachen kann erreicht werden, wenn du jeden Tag zwei bis drei Mal auf deinen Atem achtest. Mehr ist nicht zu tun. Und selbst, wenn du es nicht tust, wirst du erwachen.

Du darfst entspannen. Und wenn dein Alltag etwas von dir fordert, dann tue es. Stelle dich nicht dagegen in der Hoffnung auf die baldige Erlösung. Die Erlösung kommt, wenn du einverstanden bist mit dem, was ist, und dem, was der aktuelle Moment erfordert. Solange du mit dem jetzigen Moment *nicht* einverstanden bist, bist du mit dem Leben nicht einverstanden. Und was gibt es anderes als den jetzigen Moment?

Manche von euch sagen, dass das Leben eine Aneinanderreihung von Momenten ist. Auf der linearen Zeitachse trifft das zu. Du kannst jedoch nicht in irgendeinem anderen Moment als dem Jetzt etwas denken, fühlen oder tun. Du tust, denkst und fühlst immer im Jetzt. Das Jetzt *ist* das Leben. Deshalb ist die Wahrheit so einfach.

Wenn du mit dem, was ist, dem Jetzt, einverstanden bist, dann bist du mit dem Leben einverstanden. Und was wird der Schöpfer in dir erschaffen, wenn er mit dem Leben einverstanden ist?

Umstände, mit denen du einverstanden bist.

Wenn es dir nicht gelingt, mit dem jetzigen Moment einverstanden zu sein, dann akzeptiere, dass du nicht damit einverstanden bist. Denn was erschafft der Schöpfer in dir, wenn du akzeptierst? Umstände, die du akzeptieren kannst. Was erschaffst du, wenn du unbedingt etwas können möchtest, es dir aber absolut nicht gelingt, Du möglicherweise unzufrieden damit bist? Herausforderungen, die dir nicht gelingen, und Umstände, die dich unzufrieden sein lassen. Was erschaffst du, wenn du keine Lust mehr auf deinen Alltag, dein Leben hast? Ein Leben, zu dem du keine Lust hast.

Muss es dir stets und ständig gelingen, allgegenwärtig zu sein, das Jetzt, den Moment, bewusst wahrzunehmen und aus der Quelle heraus zu handeln? Nein. Es reicht, wenn du akzeptierst, dass du dieses Empfinden nur in manchen Momenten hast. Und du kennst den Unterschied zwischen Momenten im linearen Zeitbewusstsein und dem Moment, der immer ist. Sobald du akzeptierst, erleichterst du dein Erwachen. Und dein Leben.

Wenn du nicht akzeptieren kannst, dass du nicht akzeptieren kannst, so akzeptiere dies. Finde irgendetwas im jetzigen Moment, was du annehmen kannst. Und wenn dir das alles zu viel wird, dann steige aus, mach eine Pause, lenke dich ab. Du fängst nächstes Mal nicht wieder von vorne an. Wenn du einen gewissen Grad an Bewusstheit erlangt hast, kannst du sofort Zugriff darauf haben. Sei gut zu dir. Ruhe dich aus. Vielleicht ist genau die Ruhe das, was du zum Erwachen brauchst.

Je mehr du versuchst, diesen Prozess aktiv zu beeinflussen, desto weniger wird es dir gelingen. Folge deinen Impulsen, habe Freude, entspanne. Lass es dir gut gehen. Sorge gut für dich. Hab dich lieb, wenn du kannst. Und wenn nicht, du weißt schon, akzeptiere, dass du es nicht kannst. Du musst absolut keine Leistung erbringen. Du kannst der faulste Mensch der Welt sein, und auch dann wirst du erwachen. Tu also, wonach dir ist. Wenn du kannst. Und wenn nicht, tue das, was der jetzige Moment von dir verlangt.

Vielleicht wachst du morgens auf und verspürst keine Motivation für deinen Tag. Vielleicht stehst du zu einer Uhrzeit auf, die dir zu früh erscheint, vielleicht erfordert es deine Arbeit, dass du Kleidung tragen musst, in der du dich nicht wohl fühlst, vielleicht hast du einen langen Arbeitsweg und stehst bereits morgens im Stau, vielleicht magst du weder deinen Chef noch deine Kollegen und vielleicht gehst du einer Tätigkeit nach, die dich nicht erfüllt. Vielleicht wird deine Arbeit nicht gewürdigt, und du als Mensch wirst nicht wertgeschätzt. Vielleicht empfindest du einen Mangel an finanziellen Möglichkeiten und an Freizeit. Vielleicht hast du auch keinen Partner oder möglicherweise einen Partner, der nicht so ist, wie er sein sollte. Vielleicht bist du unzufrieden mit deiner äußerlichen Erscheinung, vielleicht fühlst du dich eingeschränkt, weil du weder über die Zeit noch die Mittel verfügst, dir ein angenehmes Leben nach deinen Vorstellungen zu gestalten.

Das geht nicht nur dir so. Fast allen Menschen der westlichen Welt ergeht es manchmal oder häufig so. Du bemerkst es nicht immer, weil viele gelernt haben, ihr Befinden nicht nach außen zu tragen. Vielleicht tauschst du dich mit ein paar wenigen vertrauten Personen darüber aus. Doch auch du hast Strategien, deine Zweifel zu überspielen und der Außenwelt ein glückliches Ich zu präsentieren. Das ist nicht schlimm. Es ist Teil der gesellschaftlichen Konvention. Möglicherweise zeigst du deinen Unmut auch im Außen. Auch dies ist weder gut noch schlecht. Es ist.

Vielleicht sagst du, dass du das alles schon wusstest, du bist ja auch nicht von gestern und du hast andere Bücher gelesen, in denen genau das Gleiche steht, und wo ist denn jetzt bitteschön die neue Erkenntnis, das, wofür es sich gelohnt hat, Geld und Zeit in dieses Buch zu investieren? Du kannst schließlich nicht deine Zeit damit vertrödeln, dich mit Dingen aufzuhalten, die dir nichts bringen. Es muss doch bitteschön auch hier drin etwas geben, womit du etwas anfangen kannst. Etwas Neues. Eine neue Erkenntnis, ein neuer Gedanke.

Die Wahrheit ist immer nur die Wahrheit. Sie kann auf verschiedene Arten ausgedrückt oder erlebt werden.

Aber es gibt nichts Neues. Alles war immer schon im Raum der Möglichkeiten existent. Ihr entscheidet mit eurer Schöpferkraft, was ihr davon in Erscheinung treten lasst. Was die Wahrheit ist.

Wenn du merkst, dass dich all diese Bücher langweilen, wenn es für dich einfach nichts Neues zu erfahren gibt, dann lege diese ganzen Bücher, auch dieses, oder insbesondere dieses, zur Seite. Vielleicht gibt es im Moment einfach nichts Neues für dich. Bis es wieder etwas Neues gibt. Du musst nicht danach suchen. Es wird dich finden. Selbst, wenn du nicht schreiben oder lesen kannst. Es findet dich. Du *weißt*.

Manchmal wartest du auf den Moment, der alles verändert. Auf den Gewinn, auf die Anerkennung, darauf, dass endlich jemand entdeckt, wie toll du bist. Du wartest auf Erleichterung, auf die Ferien oder die Rente. Die Wahrheit ist ganz einfach. Du kannst die Erleichterung in diesem Augenblick erreichen. Indem du mit dem, was ist, einverstanden bist.

Wie kannst du einverstanden sein mit dem, was ist? Es gibt viel zu viel zu erledigen, es gibt Dinge, die nicht in Ordnung sind in deinem Leben, es gibt Mangel, Unvollkommenheit und Umstände, die dich einschränken oder verärgern.

Du musst nicht einverstanden sein mit der Geschichte, die du dir erzählst, du musst nicht einverstanden sein mit dem gesamten Kontext, in dem dieser Moment stattfindet. Es reicht, wenn du mit diesem Moment einverstanden bist. In diesem Moment sitzt, liegst oder stehst du. Das ist, was du immer tust. Das tust du auch, wenn alle deine Wünsche erfüllt sind. Du sitzt, stehst oder liegst.

In diesem Moment bist du allein, oder du bist es nicht. In diesem Moment hast du keine große Krankheit. Deine Krankheit ist die große Geschichte um diesen Moment herum. In diesem Moment verspürst du vielleicht einen Schmerz. Dann nimm diesen Schmerz an.

Vielleicht schimpft jemand mit dir, weil du deine Rechnung nicht bezahlen kannst. Das ist, was jetzt passiert. Jemand schimpft mit dir. Deine Pleite ist die große Geschichte. Sei nur einverstanden mit dem gegenwärtigen Moment.

Wie kannst du mit dem gegenwärtigen Moment einverstanden sein? Wenn du dies und jenes nicht erledigst, wirst du Schwierigkeiten bekommen, und wenn nicht bald etwas geschieht, dann sieht es schlecht aus für deine Zukunft. Und du wirst erkennen: Deine Zukunft ist so schlecht oder gut, wie du jetzt in diesem Moment denkst und fühlst.

Wie kannst du in diesem Moment gut fühlen, wenn die Umstände so sind, wie sie sind? Die Umstände sind, wie sie sind. Wenn es dir gelingt, den gegenwärtigen Moment so anzunehmen, wie er ist, und das bedeutet nicht, die große Geschichte anzunehmen, denn mit deiner Geschichte bist du in der Vergangenheit und Zukunft, in der Dualität. Wenn du den Moment so annimmst, wie er ist, befreist du dich von der Dualität von Vergangenheit und Zukunft. Du nimmst den Moment so, wie er ist. Du nimmst das Leben so, wie es ist. Du hörst auf zu kämpfen. Du kämpfst nicht mehr, um etwas loszuwerden, und du kämpfst nicht mehr, um etwas zu erreichen. Du *bist*. Wenn du aufhörst zu kämpfen, erschaffst du ein Leben, in dem du nicht mehr kämpfen musst. Du erschaffst ein Leben, in dem du *bist*. Das bedeutet nicht, dass du all deine Besitztümer aufgeben musst. Im Gegenteil. Sobald du aufhörst zu kämpfen, wird der jetzige Moment angenehmer. Und wenn dein jetziger Moment angenehmer ist, gestaltest du so ein Leben, das angenehmer ist.

Oft handeln Menschen, die alles verloren haben, so. Es gibt nichts mehr, womit sie kämpfen könnten. Und plötzlich stellen sie fest, dass es leichter wird, dass Umstände in Erscheinung treten, auf die sie nicht mehr gehofft hatten.

Du musst jedoch nicht erst alles verlieren, um loszulassen und zu erwachen. Mache dir immer wieder den gegenwärtigen Moment bewusst. Fühle die Stille hinter dem Lärm. Fühle die Stille hinter deinen Gedanken. Je häufiger dir das gelingt, desto weniger kämpfst du gegen den Moment an.

Was aber, wenn der gegenwärtige Moment einfach nicht zu akzeptieren ist? Wenn du Dinge machen musst, die du nicht tun willst, wenn du keine Zeit für dich hast, wenn du Menschen oder deine Gesundheit verloren hast, wenn du pleite bist oder dein Beruf sich nicht mehr richtig anfühlt, wenn du Verpflichtungen hast, die verhindern, dass du dich frei fühlen kannst?

Fühle, so oft du kannst, den jetzigen Moment. Fühle die Stille hinter dem Lärm. Fühle die Stille hinter deinen Gedanken. Egal, wie unannehmbar du deine jetzige Situation beurteilst, es gibt immer nur den einen Rat. *Sei der Moment.* Und wenn es dir nicht gelingt, diesen Augenblick so anzunehmen, wie er ist, dann akzeptiere, dass du ihn nicht akzeptieren kannst, wie er ist, akzeptiere, dass es dir nicht gelingt.

Solange du nicht einverstanden bist, erschaffst du ein Leben, mit dem du nicht einverstanden bist. Alles entsteht in diesem Moment.

So einfach ist es. Und auch so schwer, solange du an deinen gewohnten Verhaltens- und Denkmustern festhältst.

Du musst nicht die ganze Zeit allgegenwärtig sein. Doch je häufiger du diesen Zustand absichtlich herbeiführst, desto häufiger wird dieser Zustand ganz von allein für dich eintreten.

Was glaubst du, wie schön dein Leben sein kann, wenn du mit dem jetzigen Moment einverstanden bist? Du wirst immer mehr von dem erschaffen, mit dem du einverstanden bist. Du wirst ein Leben erschaffen, das dich im Innen und Außen gleichermaßen erfüllt.

Liebe das, was ist

Bleibe nicht auf der Wortebene haften. Sei mit dem jetzigen Moment einverstanden. Aber wenn du bloß behauptest, dass du mit allem einverstanden bist, wird es keinen Nutzen haben. Sei ehrlich zu dir selbst. Akzeptiere, wenn du *nicht* einverstanden bist. Wenn du etwas akzeptierst, erschaffst du Umstände, die du akzeptieren kannst. Du verstehst es.

Je weniger du in der Dualität verhaftet bist, desto mehr fallen deine Abhängigkeiten und Süchte von dir ab. Wenn du im Zustand des Seins, der Allgegenwärtigkeit erwachst, benötigst du keine Abhängigkeiten mehr.

Viele Menschen haben sich jahrelang kasteit, gefastet, verzichtet. Dies war ein zumeist anstrengendes Bemühen. Wenn du ins Sein kommst, verlierst du deine Abhängigkeiten. Du erlebst eine Souveränität, in der du unabhängig bist von Substanzen, Personen und Umständen. Du kannst diese Dinge weiterhin nutzen, doch verlierst du dein Daran-Verhaftet-Sein. Alles wird leicht. Du bist frei. Du erwachst.

Du erduldest das Jetzt in der Hoffnung und der Erwartung, dass dein zukünftiges Jetzt besser sein wird.

Das gilt für Beziehungen, für deinen Job, für deine Zeit, für dein Geld. Du erschaffst ein zukünftiges Jetzt, indem du durchhältst, erduldest und hoffst. Doch was für ein zukünftiges Jetzt erschaffst du, wenn du das Jetzt nur erduldest, wenn du durchhältst und hoffst? Dieser Teufelskreis ist nicht leicht zu durchschauen und nicht leicht zu durchbrechen. So scheint es. Und doch ist es genau das. Sehr sehr leicht.

Es muss dir nicht ununterbrochen gelingen. Es genügt, wenn du dir dessen immer wieder bewusst wirst: Es gibt nur das Jetzt. Im Jetzt kreierst du, was du im zukünftigen Jetzt erleben möchtest. Du regst dich über deinen Chef auf? Gut, das kannst du gern zukünftig weiterhin erleben. Du wirst weitere Situationen erschaffen, in denen du dich über jemanden aufregst oder – du erinnerst dich, ihr seid in der Dualität – sich jemand über dich aufregt. Aufregung erschafft Aufregung. Stress erschafft Stress. Frieden erschafft Frieden. Sei achtsam.

Wir wissen, es ist eine Sache, die Dinge zu verstehen, und eine andere, danach zu handeln. Dir fehlt vielleicht auch die Idee, wie du das konkret umsetzen kannst. Du fühlst einen finanziellen Mangel und sollst ihn nicht fühlen, damit du ihn nicht weiterhin erschaffst. Du fragst dich, wie das gehen soll.

Die Antwort ist ebenso leicht wie schwer. Sei gegenwärtig. Im gegenwärtigen Moment hast du keinen Mangel. Du sitzt oder stehst oder liegst. Gehe mit deiner Aufmerksamkeit hinter die Geräusche, hinter die Gedanken, sei im gegenwärtigen Moment präsent. Je häufiger es dir gelingt, im gegenwärtigen Moment präsent zu sein, desto schneller werden deine äußeren Umstände sich transformieren.

Das bedeutet nicht, dass du deine Aufgaben nicht mehr erledigen und nur noch selbstvergessen auf die Stille lauschen sollst. Nein. Sei in dem, was du *tust*, gegenwärtig. Schalte die Gedanken an die Vergangenheit und an die Zukunft aus. Das kannst du trainieren wie Bauchmuskeln oder dir aneignen wie Vokabeln.

Du musst keine Angst haben, dass du dann vergisst, dein Kind vom Kindergarten abzuholen, oder nicht mehr zum Friseur gehst. Deinen Alltag wirst du weiterhin organisieren und leben können. Doch dieses Gedankengebrabbel, das um die Vergangenheit, um Schuld, um Ungerechtigkeiten, um Fehler, um vermeintliches Pech oder um die Zukunft, um Sorgen, um Ängste und Mangel kreist, wird weniger, wenn du erwachst. Es bedingt sich gegenseitig. Je mehr du erwachst, desto geringer wird das Gedankengebrabbel, und je mehr es dir aktiv gelingt, dem Gebrabbel keine Aufmerksamkeit mehr zu geben, desto mehr wirst du erwachen.

Hadere nicht mit dir, wenn es dir nicht sofort gelingt oder wenn es dir nicht immer gelingt oder wenn es dir nie gelingt. Allein, dass du dir dieses Gebrabbels bewusst wirst, holt dich in deine Präsenz und in das Hier und Jetzt. Du nimmst wahr, was jetzt ist. Deine Gedanken brabbeln. Das ist alles. Solange du deine Aufmerksamkeit in der Gegenwart hast, beschleunigst du dein Erwachen. Und doch *kannst* du es nicht beschleunigen.

Es *müssen* all diese Dinge in deinem Leben geschehen. Damit du erkennst, dass sie ein Teil von dir sind, dass du Erinnerungen daran hast. Entweder aus diesem oder aus einem anderen Leben. Entweder in dieser Ausrichtung der Dualität oder von der gegenteiligen. Wenn dich jemand beraubt, dann hast du Erinnerungen an Diebstahl in dir. Deine Erinnerungen ziehen den Dieb an. Wenn du erkennst, dass alles, was dir geschieht, und alles, was du in der Welt beobachtest, eigene Anteile sind, hast du den Schlüssel gefunden, den Schlüssel, der alles Leid, dein persönliches und das der gesamten Menschheit, transformiert. Du gelangst von der Dualität der dritten Dimension in die Souveränität der fünften Dimension.

Ein einfaches Mantra kann dir dabei helfen, aus dem Kampf, den du mit deiner Vergangenheit oder Zukunft führst, heraus und mit deiner Aufmerksamkeit in den Frieden der Gegenwärtigkeit zu kommen. »Ich bin einverstanden.« Probiere es einmal aus.

Das bedeutet nicht, dass du ab jetzt untätig wirst und alles über dich ergehen lässt. Es bedeutet lediglich: »Ich bin mit dem gegenwärtigen Moment einverstanden.« Du wirst überrascht sein, wie schnell die Umstände deines Lebens sich ändern, wie Beziehungen, Menschen, deine Wohnsituation, deine Finanzen, wie alles sich transformiert, wenn du einverstanden bist.

Vielleicht sagst du am Anfang nur, dass du einverstanden bist, und fühlst im Inneren Widerstand gegen diese Worte, weil du in Wahrheit nicht einverstanden bist. Dann kannst du damit einverstanden sein, dass du Widerstand spürst. Verstehst du? Du kannst dein Einverstandensein immer weiter herunterbrechen, bis du etwas findest, mit dem du tatsächlich einverstanden bist. Vielleicht bist du damit einverstanden, dass du *nicht* einverstanden bist.

Sobald du einverstanden bist, wirst du inneren Frieden spüren. Dies ist ein kraftvoller stiller Frieden. Du spürst die Gewissheit, dass alles, wie es jetzt ist, richtig so ist. Du spürst, dass alles, wie es jetzt ist, sich nun transformieren darf. Aber es ist nicht mehr nötig. Weil du bereits einverstanden bist. Es ist wie die bedingungslose Liebe für den Augenblick. Die meisten Menschen sehnen sich danach, bedingungslos geliebt zu werden. Du kannst im Außen nur erleben, was du im Inneren hast. Fang damit an, den jetzigen Moment so zu lieben, wie er ist. Du wirst erleben, dass deine zukünftigen Momente (und du weißt, es ist immer der gleiche Moment) dir spiegeln, dass du das Hier und Jetzt liebst, indem sie Ereignisse und Umstände präsentieren, mit denen du einverstanden bist oder die du sogar lieben wirst. Möglicherweise wird auch dir mehr Liebe zuteil.

Den jetzigen Moment zu lieben geht noch etwas weiter, als mit ihm einverstanden zu sein. Du kannst den Unterschied intuitiv spüren. Wenn jemand zu dir sagt, dass er mit dir einverstanden ist, ist das eine andere Energie, als wenn dieser Mensch dir zeigt, dass er dich liebt.

Fang damit an, einverstanden zu sein, und wenn dir das gelingt, liebe das, was ist. Zu deinem Erwachen gehört, dass du in die Liebe kommst. In die Liebe für alles, was ist. Auch dies bedeutet nicht, dass du keine Grenzen mehr setzen oder dir alles gefallen lassen sollst. Es bedeutet lediglich, liebe, was ist, und tue, was nötig ist. Es mag sein, dass du aus der Liebe heraus anders handelst, als du es ohne dieses Gefühl tun würdest.

Sei dir auch darüber bewusst, dass du, wenn du liebst, was ist, den anderen mit seinen Eigenschaften liebst, du die Situation liebst und ebenso auch dich selbst liebst. In der Liebe zu sein bedeutet nicht, alle Verhaltensweisen eines anderen zu ertragen oder hinzunehmen. Es bedeutet, dass du all das in einem größeren Zusammenhang siehst und liebst, was ist. Du kannst dennoch deine Meinung sagen und signalisieren, wo deine persönlichen Grenzen sind. Damit hilfst du auch dem anderen, Grenzen anderer zu akzeptieren und selbst welche zu setzen. In Liebe.

Ein Mensch kann nur Verhaltensweisen, mit denen er anderen schadet, ausleben, wenn es Menschen gibt, die ihn so handeln lassen. Wenn du Verhaltensweisen bei anderen beobachtest, die dir nicht gefallen, kannst du sicher sein, dass du diese Anteile auch in dir hast. Nichts kann dir im Außen auffallen, was du nicht in dir hast. Wenn du das erkennst, kann dein Spiegel im Außen sich auflösen. Du benötigst diese Menschen oder diese Verhaltensweisen im Außen nicht mehr, um zu erkennen, was du in dir heilen darfst.

Immer wenn ein Mensch aus deinem Leben verschwindet, frage dich: Was habe ich transformiert, was er mir nicht mehr spiegeln muss? Es ist ebenso möglich und wahrscheinlich, dass dieser Mensch plötzlich sein Verhalten ändert und statt der gesamten Person nur eine bestimmte Eigenschaft von ihm in deiner Gegenwart verschwindet.

Wenn du nach und nach die Dualität verlässt, wirst du immer weniger Partner anziehen, die sich aufgrund der Polarität zu dir hingezogen fühlen. Das mag sich zunächst fremd für dich anfühlen. Doch sei beruhigt. Die, die dich lieben werden, werden so viel tiefer mit dir verbunden sein, als du es jemals zu hoffen wagtest. Wenn du mit deiner Schwäche einen vermeintlich starken Partner angezogen hattest, wenn du mit deiner Abenteuerlust einen auf Sicherheit bedachten Partner erschaffen hattest, so sind diese Polaritäten jetzt nicht länger notwendig. Die Personen werden aus deinem Leben verschwinden oder in deiner Gegenwart ihr Verhalten ändern. Weil *du* dich verändert hast.

Wenn wir alles, was in der Welt geschieht, als unseren eigenen Anteil erkennen, wird sich alles auflösen. Willkommen in der fünften Dimension, der Dimension, in der es keine Polarität mehr gibt. Es gibt nicht mehr Gut und Böse. Es ist. Liebe. Erwachen.

Warte nicht, bis die Dinge sich im Außen ändern. Warte nicht, bis das Geld und die Zeit kommen, bis der richtige Mensch kommt, bis jemand erkennt, dass du toll bist. Warte auch nicht auf den Urlaub, den Feierabend und die Rente. So viele Menschen sind schon von dieser Erde gegangen und haben am Ende ihres Lebens resümiert, dass sie ihr Leben lang nur gewartet haben. Sie haben darauf gewartet, dass es besser wird. Vorher wollten sie mit dem Leben nicht anfangen. Das Leben wurde verschoben auf eine unbestimmte Zukunft, die sich nie einstellte.

Fang jetzt an, dein Leben zu leben. Wach auf. Hör auf zu warten. Das bedeutet nicht, dass du nun in Aktionismus verfallen und alles, was das Leben an Spaß zu bieten hat, mitnehmen musst, nein. Es bedeutet: Spüre, welche Impulse du hast.

Als Kind wussten die meisten Menschen intuitiv noch, wie man lebt. Kinder schauen sich manchmal lange einen Marienkäfer an und beobachten, wohin er krabbelt. Wann hast du das letzte Mal in die Wolken, in die Sterne geschaut? Wann hast du das letzte Mal eine Murmel in der Hand gehalten und sie betrachtet? Fang mit diesen kleinen Dingen an. Du wirst dich immer mehr lebendig fühlen. Je lebendiger du dich fühlst, desto mehr wirst du leben. Der Rest kommt von allein. Fang wieder an, die kleinen Dinge mit Liebe zu betrachten, wirklich zu betrachten, so, wie ein staunendes Kind es tun würde. Du wirst bemerken, dass dadurch deine

Lebensfreude, deine Lebendigkeit zurückkommt. Sei und staune wie ein Kind.

Es wird Menschen geben, durch deren Verhalten du dich verletzt fühlst. Es werden Beziehungen auseinander gehen, und du wirst vielleicht dein Geld oder deine Arbeitsstelle verlieren. Wenn du in dir die Souveränität spürst, wird dir all dies nichts mehr ausmachen. All diese Umstände werden sich wundervoll für dich transformieren. Dein Leben wird zauberhaft.

Erwachen ist schön.
Du wirst es lieben.

Du verstehst.
Du weißt.
Du spürst.
Du bist!

Du bist Erwachen.
Du bist.

Erwachen.

Die Stille in dir

Doch lasse dich nicht vereinnahmen oder blenden, nicht vom Bösen, noch vom Schönen. Auch das Schöne ist eine Blendung, die deine Energie bindet.

Frei bist du, wenn du weder das Böse bekämpfst noch das Schöne anbetest.

Du bemerkst beim Erwachen, dass der gesamte Kosmos in dir ist. Alles, was existiert, existiert auch in dir. Du kannst zu jedem Ort in deinem Körper reisen, wie du auch zu jedem Ort im Universum reisen kannst. Du bestehst aus Sternenstaub.

Du bist eine Galaxie und du bist in einer Galaxie, die Galaxie ist in dir und die Galaxie ist *du*.

Du musst das nicht verstehen. Fühle es. Entscheide selbst, ob es auch deine Wahrheit sein kann.

Wenn du deine Sinne betäubst, bist du kontrollierbar und auch steuerbar. Es mag vielleicht angenehm sein, berauscht zu sein durch Medien, das Ausleben körperlicher Triebe, Bilder oder Substanzen. Doch vernebelt es dein Bewusstsein.

Der Weg zum Bewusstsein ist klar und vielleicht schwer. Die Bewusstheit ist leicht und wundervoll. Im vollkommenen Bewusstsein benötigst du keine Substanzen mehr. Du hast alles, was du brauchst. Du bist Stille. Du bist. Alles.

Du kannst leicht mit dem Einssein verbunden sein. Durch Wandern in der Natur, durch kreatives Gestalten, durch In-die-Wolken-Schauen. Deine Herausforderung besteht darin, in Situationen, die dich normalerweise stressen, am Arbeitsplatz, beim Einkaufen, im Stau, mit deinen Kindern, deinem Partner, in Kontakt mit dem unliebsamen Nachbarn, eins zu sein mit deiner Stille, dem Ort in dir, der überall und immer ist, eins zu sein mit dem Sein, der Essenz des Lebens.

Wenn du die Gegenwärtigkeit unabhängig von den Umständen spüren kannst, wenn du präsent bist beim Beantworten deiner eMails, beim Aufräumen deiner Wohnung und beim Staubsaugen, dann merkst du, dass es nicht notwendig ist, an einem anderen Ort zu sein, von irgendetwas mehr oder weniger zu haben. Du bist. Das ist das stille Glück. Es sind das Glück und die Stille, die dich verbinden mit dem Sosein, das in dir und in jeder Kreatur ist, die zwischen den Gegenständen, in den Gegenständen, in jeder Zeit und durch alle Zeiten, in jedem Raum und zwischen jedem Raum ist, es ist das, was ist.

Bei Begierde fällst du aus diesem Zustand heraus. Bei Begierde wünschst du dir, dass das Sosein, das, was ist, anders ist. Du sagst, dass es nicht genügt, dass etwas fehlt. Du sagst, dass das Vollkommene nicht vollkommen ist. So fällst du augenblicklich heraus aus der Vollkommenheit des Seins.

Am einen Tag bist du vollkommen im Hier und Jetzt, und im nächsten Augenblick oder am nächsten Tag bist du getrennt. Je mehr du dich anstrengst, den Zustand der Vollkommenheit wieder zu erlangen, desto weiter scheinst du dich von ihm zu entfernen. Akzeptiere. Bleibe gelassen. Die Verbundenheit stellt sich von selbst wieder ein. Sei gnädig mit dir selbst und fließe mit dem Fluss des Lebens wie ein Blatt im Bach.

Im vollkommenen Sein hast du kein Interesse, andere über deinen Glückszustand zu informieren. Du bist. Die anderen spüren es. Selbst Kinder spüren es. Möglicherweise sprechen die Menschen dich an und fragen, warum du so strahlst, warum du so glücklich bist.

Dieser Zustand durchdringt dein gesamtes Sein. Es ist völlig unerheblich, ob du bei der Arbeit, beim Einkaufen, beim Sport oder am Strand bist. Das ist die wahre Freiheit. Es ist unerheblich, ob du Schulden oder Vermögen hast. Dieses Gefühl durchdringt dich durch und durch, und du erkennst: Dieses Sein ist ewig. Nie kann es aufhören, unabhängig davon, ob dein physischer Körper stirbt oder lebendig ist.

Du erkennst: All deine Sorgen darüber, ob du dir den nächsten Moment finanziell oder emotional noch leisten kannst, sind verschwunden. Du weißt, dass das Sein ewig ist. Es ist überall. Im gesamten Raum. Du bist Teil davon und der Raum ist Teil von dir.

Alles, was dich aus diesem Gefühl herausbringt, ist deine Lernaufgabe. Das können Beziehungen, Finanzen, es kann alles sein. Wenn du aus dem Gefühl herauskommst, bist du in der Angst. Du musst dir die Angst nicht anschauen. Begrüße sie, lass sie da sein, akzeptiere sie. Aber mache nicht viel Aufhebens um sie. Bleibe im gegenwärtigen Moment, und die Angst wird wieder verschwinden. Mehr ist es nicht. Du musst weder deine Vergangenheit anschauen oder bearbeiten, noch dir Sorgen um die Zukunft machen. Im Jetzt sind die Vergangenheit und die Zukunft geborgen. Bleibe in Frieden im Jetzt, und du wirst Frieden in der Vergangenheit und in der Zukunft haben.

Abhängigkeiten und Süchte lenken deine Aufmerksamkeit auf Gegenstände und Personen, auf Geschichten und Gedanken. Wenn du deine Aufmerksamkeit auf den Raum zwischen den Gegenständen, den Raum zwischen den Personen, den Geschichten und Gedanken richtest, bist du frei. Die Verbundenheit mit dem All-Eins bedeutet wahre Freiheit.

Manchmal ist der Raum erfüllt von einem Duft oder einer Melodie. Dann wirst du dir vielleicht des Raumes bewusst. Doch nicht der Duft oder die Melodie ist der Raum. Deine Wahrnehmung und Fokussierung darauf richten deine Aufmerksamkeit auf den Raum.

Auch Verliebtheit ist eine Fixierung auf eine Person. Liebe, wahre Liebe lässt Raum, spürt den Raum, benötigt den Raum.

Abhängigkeiten machen dich schwer. Sie berauben dich deiner Leichtigkeit. Je häufiger du dich auf den Raum konzentrierst, ihn wahrnimmst, in Stille, desto leichter wirst du und desto mehr verschwinden deine Abhängigkeiten und Begierden.

Du musst den weltlichen Genüssen nicht entsagen. Wenn du sie in Abhängigkeit lebst, beschweren sie dich. Lebst du sie aus innerem Frieden heraus, sind sie nicht länger notwendig. Du benötigst nichts mehr, um dich zu vervollkommnen. Du kannst alles Weltliche genießen. Nur bist du nicht mehr davon abhängig.

Du brauchst auch nicht mehr an andere Orte zu fahren. Du hast im Hier alles, was du brauchst. Weil im Hier alles ist, was ist. Du kannst an andere Orte fahren und dich ihrer erfreuen. Oder auch nicht. Doch ist es nicht mehr notwendig. Nichts ist mehr notwendig. Alles ist zusätzlich. Es gibt keinen äußeren Genuss, der höher, tiefer, weiter, vollständiger ist, als verbunden zu sein mit allem, was ist.

Mit der Befriedigung deiner Sucht nach Substanzen, einem bestimmten Menschen oder Ablenkung kannst du für einen bestimmten Zeitraum inneren Frieden finden. Dieser verschwindet jedoch sofort wieder, sobald die Substanz, dieser Mensch oder diese ganz bestimmte Zerstreuung nicht mehr mit dir in Kontakt ist. So entsteht Sucht.

In der reinen Erfüllung, im reinen Sein benötigst du weder Substanzen noch Menschen.

Eine Zeit lang wirst du vielleicht wechseln zwischen dem Frieden durch Substanzen wie Tee, Kaffee, Drogen, Mehl oder durch körperliche Befriedigung durch einen anderen Menschen und dem Frieden, den du in Verbindung mit allem, was ist, spürst. Dieser Prozess ist notwendig, um dir der Unterschiede bewusst zu werden.

Im vollkommenen Sein gibt es keine Abhängigkeiten. Weder nach Menschen oder Substanzen, noch nach Ideen. Doch wenn du dauerhaft im All-Eins-Zustand bist, kannst du all diese Substanzen genießen. Sie sind nur nicht mehr notwendig. Die Befriedigung, die du durch sie erfährst, ist jetzt geringer als die innere Freude deines Seins. Dann hast du die Sucht verloren und Meisterschaft erlangt.

Auf dem Weg deines Erwachens wirst du immer mehr erkennen, in wie vielen Abhängigkeiten du dich befindest. Du wirst darüber erschrecken und du wirst versuchen, dich von diesen Abhängigkeiten und Süchten zu lösen. Doch kann deine Abwehr nicht deine Unabhängigkeit bewirken. Du kannst akzeptieren, dass du abhängig bist. Deine Sucht und Abhängigkeit fallen von dir ab, wenn du voll und ganz akzeptierst, dass sie existiert.

Nichts auf der Welt kannst du loswerden, ohne seine Existenz voll und ganz anzuerkennen. Denn alles, was dir in der Welt im Außen begegnet, als gesprochenes Wort oder auch nur als Urteil oder Gedanke, existiert in dir. Nichts wirst du jemals wahrnehmen können, was nicht seine Entsprechung in dir hat. Es wird keinen Erfolg haben, wenn du dich etwas widersetzt. Wie könnte es? Wie kannst du dich etwas widersetzen, was ist? Es ist. Und wenn es ist, ist es auch in dir.

Schau in dich hinein. Horche in dich hinein. Erkennst du, dass du das, was du im Außen verfluchst, auch in dir hast? Wenn du es erkennst, akzeptiere es. Nimm es vollkommen als deinen eigenen Anteil an. Aus dieser vollkommenen Annahme von allem, was ist, erwacht das Licht, die Transformation.

Die Transformation spürst du in dir und in dem, was die Welt dir spiegelt. Alles, was in dir geschieht, geschieht in der ganzen Welt. Die Welt ist wie ein Hologramm. Jeder kleinste Teil hat alles, was ist, in sich. Und alles, was ist, trägt jeden kleinsten Teil in sich. Änderst du dich, ändert sich die ganze Welt.

Es ist nicht notwendig, Meisterschaft zu erlangen. Entweder du erreichst sie oder nicht. Du kannst es nicht forcieren. Im Gegenteil. Je mehr du danach strebst, desto weiter entfernst du dich von ihr. Auf dem Weg zur Meisterschaft beobachte dich. Akzeptiere deine Abhängigkeiten. Sie dürfen sein. Sie sind Teil deines Erwachens.

Eines Morgens wirst du aufwachen und vollkommen begierdelos sein. Und am nächsten Morgen wirst du aufwachen und in vollkommenem Verlangen sein. Das ist Teil deiner Entwicklung. Verurteile dich nicht für dein Verlangen. Widersetze dich nicht.

Es wird wieder ein Morgen kommen, an dem du keine Begierde verspürst. Begrüße ihn.

Bei Abhängigkeiten und Süchten verlangst du nach etwas, was du eigentlich nicht möchtest. Du bist dem Irrtum verfallen, dass du die Gefühle, die diese Stoffe, Gegenstände oder Personen in dir hervorrufen, nicht in dir selbst erzeugen kannst. Dieser Gedanke ist ein Irrtum. Er trennt dich noch mehr von dir selbst und stärkt deine Abhängigkeit.

Wenn du dich für deine Abhängigkeiten verurteilst, bindest du dich dadurch noch mehr an das, wovon du dich abhängig fühlst. Akzeptierst du deine Süchte und Abhängigkeiten, gibt dir das ein Stück deiner Freiheit zurück. Dieser Freiheit wohnt die Möglichkeit inne, dich nach und nach von Substanzen, Personen und den Medien zu lösen. Bis du gänzlich frei davon bist. In der absoluten Freiheit gibt es weder Abhängigkeit noch Sucht. Du fühlst dich frei von dem, was dich zuvor fesselte. Um frei zu sein, musst du deine Abhängigkeiten aufgeben. Diesen Zustand musst du dann aushalten. Wer bist du ohne deine Abhängigkeiten? Was bleibt von dir?

Wenn du abhängig bist, nimmst du in Kauf, dass andere oder du selbst leiden müssen, damit du deine Abhängigkeit befriedigen kannst. Kannst du das sehen? Die Abhängigkeit hält dich gefangen in Mustern und Verhaltensweisen, die du nicht haben möchtest. Wie kannst du frei und unabhängig werden? Du musst die Freiheit aushalten können. Freiheit und Frieden sind still. Kannst du die Stille ertragen?

Das Erwachen des Planeten

Dein Erwachen ist eine im Wesentlichen weibliche Energie. Erwachen ist weich. Übergänge und Veränderungen folgen einer warmherzigen, barmherzigen, mitfühlenden und lichtvollen Energie.

Es geht um den leeren Raum zwischen den Atomen. Deine Seele soll wissen, dass eine Reinigung durchgeführt wird. Eine Reinigung, um eine Veränderung deiner Bewusstseinsebene und eine Veränderung deiner Familiengenetik in dir zu bewirken. Das geschieht automatisch, wenn du dieses Buch liest. Es geschieht auch ohne dieses Buch. Wenn du erwachst, wird der leere Raum zwischen den Atomen gereinigt. Dies verändert dich und deine Familie. Wenn ein Mitglied einer Familie erwacht, verändert dies die Familiengenetik so stark, dass die anderen Mitglieder dieser Familie ebenfalls erwachen. Vielleicht nicht in diesem Leben, doch wird in diesem Leben die Ursache dafür gesetzt.

Auch du erwachst, weil jemand oder ein Seelenanteil von dir eine Ursache gesetzt hat.

Der Plan aller Seelen ist es zu erwachen. Wann dies geschieht, ist abhängig vom Mut der jeweiligen Seele und den gesetzten Ursachen. Verurteile niemanden, der scheinbar bewusstlos und schlafend sein Leben verbringt. Er erwacht zu einem anderen Punkt auf der linearen Zeitachse.

Der leere Raum zwischen den Atomen füllt sich beim Erwachen mit der Energie aus dem Ozean der Liebe. Er füllt sich mit dem Quantensamen der Gegenwärtigkeit. In der Perfektion der Gegenwart erkennst du, dass alles, was du je im Außen in Ritualen, Führern und Lehren gesucht hast, in dir ist. Du erkennst deine Göttlichkeit und weißt, dass es nie etwas anderes gab.

Erwachen bedeutet, sich zu erinnern, sich zu erinnern an seine Göttlichkeit. Es gibt keinen Gott über dir. Du bist Gott. Alles ist Gott. Gott ist du.

Es gibt oberflächliche Energien, die deine innere Gegenwart ablenken. Je mehr du dir dieser Energien gewahr wirst, desto leichter werden sie verschwinden. Es wird dir nicht leicht fallen, die Lücke, die sie hinterlassen, zu füllen. Weil du sie nicht füllen musst. Im Prozess des Erwachens lernst du, Stille und Leere auszuhalten. Erst dann, wenn du diesen Prozess durchdrungen hast, kannst du die Stille und die Leere als Fülle und als Antwort auf all deine Fragen erfahren.

Je mehr du erwachst, desto stärker verschmilzt dein Geist mit der allumfassenden Seele. Dieser Geist wird durch dich wirken. Er wird die Kraft der Liebe in dir entwickeln, dich weich und liebevoll denken, fühlen und handeln lassen. Du bist die Quelle. Und du bist das empfangende Wesen. Es gibt keinen Unterschied mehr zwischen der Quelle und dem Empfangenden. Die Zeit löst sich auf, das Wasser, das der Quelle entspringt, verdampft im Fluss, regnet hernieder und ist in der Quelle. Alles zu seiner Zeit, alles in der Zeit. Alles ist.

Das kollektive Bewusstsein auf der Erde ist zum derzeitigen Moment roboterhaft. Dein Erwachen ermöglicht es dir, das System langsam zu verlassen.

Du erhebst dich über die Kontrolle des Handelns und des Bewusstseins. Deine Intuition wird wachsen, deine Abhängigkeiten verschwinden.

Deine Seele wird deine Erinnerungen an Kontrolle und Unbewusstheit in früheren Leben umwandeln. In diesem Leben erlebst du diesen Prozess in kurzer Zeit. Dieser Prozess zeigt dir die Entwicklung deiner Seele in all deinen Leben. Dieses Leben ist deine gesamte Entwicklung. Hat sich nicht schon so viel in diesem Leben für dich verändert? Das ist die Entwicklung deiner Seele durch all deine Leben hindurch. Du durchlebst all diese Entwicklungsstufen nun in einem einzigen Leben. Das ist vergleichbar mit dem, was eure Sterbenden berichten. Sie erleben vor ihrem Tod ihr gesamtes Leben noch einmal. Dieses Leben ist, als ob du all die Entwicklungen deiner Seele noch einmal erlebst, alle Entwicklungen all deiner Leben in einem einzigen Leben komprimiert. Hast du nicht auch schon das Gefühl gehabt, dass die Erfahrungen in deinem Leben für mehrere Leben reichen? Nun, genau das taten sie.

Die Transformation dieser Erinnerungen ist der Tod des Egos. Dein Ego ist rebellisch, weil es auf Gut und Böse, Macht, Besitz und Eitelkeit programmiert wurde.

Dein Bewusstsein verlässt beim Erwachen das System der Erde. Immer seltener wirst du so handeln wie alle anderen. Du wirst dies zunächst gar nicht bemerken. Anderen wird es auffallen. In den kleinen Dingen. Andere Menschen spüren dein Erwachen und deine Loslösung von Abhängigkeiten. Sie werden sich immer wohler in deiner Gegenwart fühlen. Durch die Abwesenheit deiner Abhängigkeiten spüren nämlich auch sie eine Befreiung von ihren Süchten. Dies geschieht auf einer mit dem Verstand kaum greifbaren Ebene.

Deine Intuition wird zunehmen.

Du weißt immer häufiger, was wann geschehen wird und was geschah. Du spürst, was anderen Menschen geschehen ist, und deine Vorahnungen werden immer sicherer. Du musst dich dafür nicht anstrengen. Es geschieht automatisch.

Die Energie der Liebe, der das Bewusstsein folgt, wird all deine alten Erinnerungen aus vielen Inkarnationen umwandeln. Dadurch wird sich dein gesamtes Leben erleichtern.

Du beginnst, dein Leben zu führen auf eine Art, wie du es noch nie zuvor getan hast. Du wirst dich nicht mehr ablenken lassen von mentalen, emotionalen und physischen Instinkten. Das ist deine wahre Freiheit, zu der du nun erwachst.

Deine Entwicklung wird immer leichter, und du gelangst an einen glücklichen Ort in deinem Bewusstsein, an dem vergangene Emotionen und Erinnerungen schmelzen und sich auflösen. Das geschieht, weil es eine Absolution gibt. Den Seelen, die erwachen wollen, wird es in dieser Zeit sehr leicht gemacht. Der Grund ist, dass die kritische Masse der erwachenden Seelen auf diesem Planeten noch nicht erreicht ist. Stattdessen produziert ihr immer mehr Menschen, in denen sich Seelen inkarnieren. Es gibt eine Macht, die für eure Bevölkerungsexplosion verantwortlich ist. Diese Macht möchte das Erwachen des Erdenbewusstseins verhindern. Die Erde erwacht, wenn ein bestimmter Prozentsatz der inkarnierten Seelen erwacht. Durch die Bevölkerungsexplosion mit unerwachten Seelen soll das Erwachen der Erde verhindert werden.

Wenn nämlich die Seele des Planeten erwacht, wird es nicht mehr möglich sein, Menschen als Sklaven zu benutzen. Aus der Versklavung der Menschheit bezieht diese Macht ihre Energie. Aber habe keine Angst und stelle dich dem nicht entgegen. Wenn du dich dieser Macht entgegenstellst, nährst du sie. Viele auf der Erde schlafen noch und leben wie Automaten. Erwache. Durch dein Erwachen ermöglichst du so vielen anderen Seelen, ebenfalls den Weg des Erwachens zu gehen. Es ist wie eine Flamme, die bei Nähe überspringt.

In dir wird ein energetisches Erwachen erzeugt, wie wenn ein Stein ins Wasser geworfen wird, worauf sich kreisförmige Wellen ausbreiten. Dies geschieht in dir und den Menschen, die dir begegnen durch ganz normalen simultanen Quanteneffekt.

Dabei werden geistige Gifte beseitigt, Glauben und Emotionen gereinigt und die Bitten deiner Seele können sich auf einem Quantenniveau realisieren.

Oft geschehen diese Prozesse, während du schläfst. Dein Körper verbindet sich mit dem ewigen Körper in dir und versinkt in die Tiefe deines Wesens. Jedes Mal wirst du dabei intimer mit deiner wahren Identität. Wenn du erwachst, erlebst du Phasen voller Emotionen. Du wirst trauern und weinen. Dies wird deine mentalen Programme verändern, so dass sie weniger starr sein werden. Beim Erwachen werden all deine Emotionen gereinigt, um das freizusetzen, was dahinter verborgen ist. Unterdrückte Emotionen werden an die Oberfläche geholt und können sich so auflösen.

Es gibt dermaßen viele Manipulationen, um euch am Erwachen zu hindern.

Und doch geschieht es. Ihr erwacht.

Viele Mächte auf der Erde sind nicht irdischen Ursprungs. Sie sind hier, um euch zu manipulieren und in einer Art Trancezustand zu halten.

Doch ist dies nur eine Verzögerung. Ihr seid dazu bestimmt zu erwachen. Teil des Erwachens ist eure zunehmende Unabhängigkeit.

Es gibt auch Mächte, die vorgeben, den Menschen helfen zu wollen. Sie verführen euch mit Mystik und Lügen. Die Menschen leisten Götzendienste für die, die vorgeben, dunkel zu sein, und für die, die vorgeben, hell zu sein. Wenn du erwacht bist, bist du vollkommen frei davon.

Viele berühmte Menschen manipulieren euch durch ihre Kunst oder Talente. Dafür sind sie einen Pakt eingegangen, der ihnen Ruhm und Erfolg verspricht. Doch leiden diese Personen, denn sie sind gezwungen, ihre Energien zu übertragen und abzugeben.

Alte Erinnerungen an Anforderungen, Herrschaft und Macht schränken dich ein. Wenn andere Menschen diese Attribute im Kontakt mit dir zeigen, weißt du, dass deine Erinnerungen aktiv sind. Sie transformieren sich, nachdem sie dir bewusst geworden sind.

Du bist eine schöne Seele. Du erwachst. Du wirst dein wahres Potenzial finden. Du bist nicht allein. Schöne Energien werden in dir entstehen. Menschen werden deine Liebe spüren. Deine innere Schönheit wächst. Wenn du erwacht bist, kannst du nicht mehr zu deinen alten Verhaltensweisen und Überzeugungen zurück.

Auch die Erde ändert ihre Genetik in Resonanz auf das erhöhte Bewusstsein der Menschen.

Und du merkst, dass all dein Streben, alles, was du für wichtig gehalten hast, kein wahres Ziel ist. Du strebst nach Geld. Hast du das Geld, wirst du damit etwas bezahlen. Und schon ist der Sinn wieder verflogen. Irgendwann wirst du bemerken, dass dein Streben zum Selbstzweck geworden ist. Wenn plötzlich die Erfordernis, arbeiten zu gehen, wegfällt, weißt du nicht, was du mit deiner Zeit anfangen sollst. All die Träume, die du darüber hattest, verpuffen, weil du dich an dein Arbeiten und das Bemühen um gute Verhältnisse so sehr gewöhnt hast, dass auch dies zu einer Art Sucht geworden ist. Genieße im Augenblick. Strebe nicht nach etwas in der Zukunft. Du erschaffst damit nur erneut Zeiten, in denen du nach etwas strebst.

Die Abhängigkeiten und Vernebelungen des Bewusstseins bewirken, dass die Menschen nach ihren selbstsüchtigen Wünschen leben und so das Ziel ihrer Seele für diese Inkarnation nicht erfüllen können. Die meisten Seelen, dic zu dicser Zeit inkarniert sind, haben sich vor diesem Leben ein Erwachen, eine seelische Klarheit oder einen Quantensprung in ihrer Evolution des menschlichen Bewusstseins vorgenommen.

Aber auch die Vernebelung und die Abhängigkeiten gehören zum Plan. Ziel ist es, die Seelen stark in sich selbst zu machen. Stark wie ein menschlicher Körper, der gegen alle Krankheiten Antikörper entwickelt hat. Stark in sich selbst ruhend, ohne dass irgendeine Fremdeinwirkung die Klarheit und das Erwachen der Seele herabsetzen könnte.

Viele Menschen spüren, dass sie sich einen freien Weg für ihre Entwicklung schaffen wollen. Sie lösen und befreien sich von ihren Familien, von ihrer Karriere, von ihrem Geld, von ihren Freunden. Dies kann eine Unterstützung und Hilfe sein im Prozess des Erwachens. Doch ist es nicht notwendig. Euer Erwachen kann stattfinden, auch während ihr in den gleichen Beziehungen und an den gleichen Arbeitsstellen agiert und auch während ihr noch bestimmte Substanzen konsumiert. Viele von euch spüren jedoch, dass sie bestimmte Abhängigkeiten nicht mehr benötigen, und können sich, wenn sie wollen, leicht davon lösen. Es ist nicht mehr notwendig, irgendetwas zu konsumieren oder soziale Beziehungen aufrecht zu erhalten.

Im vollkommenen Erwachen stellst du fest, dass alles, was du in der äußeren Welt wahrnimmst, vollkommen unerheblich und unabhängig von der Entwicklung und dem Erwachen deiner Seele ist. Du kannst sowohl im Kerker als auch in einer Villa erwachen. Du kannst allein meditierend oder unter vielen Menschen erwachen. Du kannst erwachen, während du einer monotonen Tätigkeit nachgehst, und du kannst erwachen, während du deiner Kreativität freien Ausdruck verleihst. Du kannst in Harmonie oder Wut erwachen.

Du erwachst, wenn du dich über die Situation, in der du dich gerade befindest, erhebst und den vollkommenen Zustand des All-Eins-Seins wahrnimmst. Du erwachst, wenn du dich mit allem, was ist, verbunden fühlst, wenn alles, was ist, auch so sein darf, wie es ist, und wenn du die Vollkommenheit und Verbundenheit von allem, was ist, erkennst.

Du erwachst, wenn du erkennst, dass alles, was du in dir hast, im Außen ist, und wenn du anerkennst und siehst, dass alles, was du in der Welt wahrnimmst, auch ein Teil in dir ist. Du erkennst, dass Ursache und Wirkung in dir selbst verborgen sind. Du erwachst, wenn du die Holografie der Materie und Antimaterie vollkommen durchdrungen hast, wenn du ohne zu denken weißt, dass in jedem kleinsten Teil Alles und in Allem auch jedes kleinste Teil enthalten ist.

Du erwachst, wenn du in tiefer Gewissheit weißt, dass du und dein Bewusstsein nicht losgelöst existieren, sondern Teil des gesamten Bewusstseins sind. Du bist das gesamte Bewusstsein und das gesamte Bewusstsein ist du. Alles wirkt zusammen. Du bist der Schöpfer. Du bist das Bewusste und das Unbewusste. Du bist das Erwachen und das Nichterwachen. Du bist die Ruhe. Du bist der Sturm. Du bist. Alles ist. Alles bist du. Du bist alles. Und das gilt für jeden von euch. Verstehst du? Verstehst du als Kollektiv? Spürst du dich als Kollektiv? Spürst du dich als Gott? Spürst du?

Du bist dir noch nicht in gänzlicher Fülle deiner schöpferischen Macht bewusst. Du zweifelst noch. Ihr könnt alles erschaffen, woran ihr denken könnt. Doch versucht nicht, andere zu beeinflussen.

Erschaffe für dich.

Jeder Mensch, der erwacht, öffnet einen Korridor nach oben, einen Korridor, der es anderen Seelen leichter macht zu erwachen, bewusst und klar zu werden. Du spürst dies in Gegenwart erwachter Seelen. In deren Gegenwart sind deine Muster und Abhängigkeiten nicht wahrnehmbar, allenfalls sind sie noch als Fragment oder Gewohnheit zu erkennen.

Beim Erwachen passt sich stets der weniger Erwachte an den Erwachteren an. Ein einziger erwachter Mensch vermag Tausende andere in seiner räumlichen und gedanklichen Nähe emporzuheben. Manchmal geschieht dies lediglich für einen kurzen Moment, doch können durch die Anwesenheit eines Erwachten auch Initialzündungen auf Seelenebene geschehen.

So viele von euch erwachen zum gegenwärtigen Zeitpunkt in einem Maße, dass die Mächte, die diesen Prozess aufhalten und verzögern wollen, stark intervenieren. Seuchen, Abhängigkeiten von Substanzen und Geräten, all dies sind Maßnahmen, um euch noch länger in der Unbewusstheit zu halten.

Ihr könnt beruhigt sein. Ihr erwacht ohnehin. Ihr schafft es, euch all der Abhängigkeiten bewusst zu werden und euch von all diesen Anhaftungen zu lösen. Dabei ist es zur Vollendung des Erwachens noch nicht einmal nötig, all diese Substanzen und Geräte zu meiden. Euer Bewusstsein ist darüber erhaben.

Lasst das Leben und das Bewusstsein durch euch wirken. Hört auf, etwas Bestimmtes zu wollen. Seid eins mit dem Fluss des Lebens und lasst das Erwachen euch vollkommen durchdringen. Ihr könnt dann nichts Falsches mehr tun. Das könnt ihr ohnehin nicht. Doch wird all euer Denken und Handeln eins sein mit dem vollkommenen Bewusstsein.

Je höher dein Bewusstsein und dein Erwachen entwickelt sind, desto angenehmer wirst du auf die Menschen in deiner Umgebung wirken, insbesondere, wenn du auf Menschen triffst, denen du noch nie begegnet bist. Sie fühlen sich in deiner Gegenwart frei, und das wird dir nicht entgehen. Es kann sein, dass Menschen, die du gut kennst, sich im Zuge deines Erwachens von dir abwenden, weil sie Muster und Abhängigkeiten in anderen benötigen, um sich ihrer eigenen Anhaftungen bewusst zu werden.

Das Ziel der Seelen, die in dieser Zeit inkarniert sind, ist es *nicht*, möglichst glücklich zu sein. Das Ziel dieser Seelen ist es, sich selbst zu reinigen. Mit der Reinigung geht das Erwachen einher. Ist die Seele völlig gereinigt und erwacht, löst sie sich von dem zugehörigen Individuum und verschmilzt mit dem allumfassenden Bewusstsein, um dann als dieses große Bewusstsein wieder in das Individuum zurückzukehren. Dies kommt einem *Avatar* gleich. Es sind Seelen, die nur noch auf der Erde verweilen, um das Bewusstsein aller durch ihre Präsenz und ihr Bewusstsein emporzuheben.

In euren Beziehungen bringt Sexualität im Allgemeinen Anhaftung und Abhängigkeit mit sich. Dadurch seid ihr manipulierbar. Jede Form von Abhängigkeit und Anhaftung macht euch manipulierbar durch die Mächte, die euer Erwachen verhindern und verzögern möchten. Abhängigkeiten rufen immer auch starke Gefühle hervor. Kurze intensive Höhen und lange Leidensphasen. In den Leidensphasen seid ihr unbewusst empfänglich für Manipulationen von außen. Jedes Mal, wenn ihr nicht in eurem Licht, in eurer Strahlkraft seid, seid ihr empfänglich für weitere Abhängigkeiten und stärkere Unbewusstheit.

Das Licht, die höchsten Höhen, die ihr mit den Menschen, mit den Substanzen, von denen ihr abhängig seid, erlebt, entsprechen einem Bruchteil der Intensität des Lichts und der Verbundenheit, nach der ihr strebt. Im reinen Bewusstsein wird euch das Licht durchfluten, ohne dass ihr euch von außen etwas zuführen müsst. Und so strebt ihr durch die Substanzen und eure Sexualität nach diesem erhabenen Zustand und wisst nicht, dass ihr ihn genau dadurch verhindert. So seid ihr Sklaven und Abhängige, die nicht wissen, was sie tun.

Sexualität, die sich in tiefer Verbundenheit vollzieht und nicht aus einer Abhängigkeit nach einem Menschen oder einem körperlichen Empfinden erwächst, ist erhaben. Sie spiegelt den Zustand reines Erwachens wider und verbindet euch in einer Intimität, der du zuvor nicht gewahr warst. Und doch ist diese Verschmelzung *nicht* das Erwachen. Das Erwachen ist ohne Denken, ohne Gefühle. Es ist ein Zustand, eine Gewissheit, ein Sein. Du erkennst es. In jedem Moment, in dem du erwacht bist.

Wenn ihr in Liebe verbunden seid, führt eure Sexualität nicht zu Anhaftungen. Ihr spürt im Verbundensein gleichermaßen Freiheit und Nähe. Solche Verbindungen erheben euch über alle Abhängigkeiten. Sie beflügeln und befreien euch. In diesen Momenten seid ihr nicht nur mit eurem Partner, sondern ebenso mit dem All-Eins in Raum und Zeit verbunden.

Sexuelle Verbindungen, die auf Abhängigkeiten und Leidenschaften gründen, sind nur eine Illusion von Verbundensein. Verbindungen in reiner Liebe befreien und Verbindungen in Leidenschaft versklaven euch. Ihr glaubt, dass gerade eure Leidenschaften euch Lebensenergie spenden. Doch ist dies ein Trugschluss. Sie geben euch kurzfristig und rauben euch langfristig Energie. Es ist wie mit all euren Abhängigkeiten. Es gibt kurze Höhen und lange Tiefen.

Wir sagen nicht, dass ihr diese Leidenschaften und Abhängigkeiten nicht leben sollt. Ihr seid frei, eure Erfahrungen zu machen. Ihr werdet merken, was eurem Erwachen dienlich ist. Und ihr *müsst* nicht erwachen. Ihr könnt so lange in euren Abhängigkeiten verbleiben, wie ihr möchtet. Ihr habt einen freien Willen.

Durch virtuelle Suggestionen und Filme werden die Menschen so indoktriniert, dass sie gefangen sind von Bildern. Diese Bilder werden zu Drogen, und so geschieht die Öffnung und Bereitschaft zu gewalttätiger Pädophilie und anderen abscheulichen Handlungen. Durch die Programmierung des Gehirns mit virtuellen Handlungen können Menschen nicht mehr physisch in der Gegenwart eines anderen Menschen präsent und in

Liebe sein. Sie wiederholen wie Roboter die Handlungen dieser Bilder, indem sie ihre Partner als Objekte der Befriedigung benutzen, so dass die Türen zu liebenden Beziehungen geschlossen bleiben.

Wenn Menschen aus deinem Leben verschwinden, bedeutet dies, dass sie nicht länger dein Spiegel sind, weil du diesen Teil deines Wesens bereits transformiert hast. Manchmal kommen sie zurück, um andere Muster in dir zu transformieren, oder es kommen andere Menschen mit anderen Mustern in dein Leben.

Verurteile nie den anderen. Alles, was dich an ihm stört, hast du auch in dir. Siehst du es? Wenn du diesen Teil in dir verändert hast, wird entweder dieser Mensch aus deinem Leben gehen oder er wird sein Verhalten ändern. Es ist gar nicht anders möglich.

Du musst nichts Besonderes tun, um deine Muster zu bearbeiten. Frage dich bei allem, was dir in der Welt auffällt, was dieser Teil mit dir zu tun hat. Du kannst im Außen nichts beobachten, was du nicht in dir trägst. Wenn du die Ursache in dir findest, transformierst du auch die Entsprechung im Außen. Und selbst dies musst du nicht tun. Es reicht, wenn du alles, was dir im Außen begegnet, als deinen eigenen Anteil anerkennst.

Es kann sein, dass du von einer Fröhlichkeit, von einer Leichtigkeit beflügelt wirst, die scheinbar grundlos ist. Je mehr du erwachst, desto häufiger wirst du aus dem Nichts heraus unendliche friedliche Freude spüren und ausstrahlen. Es gibt nichts, was in dem Moment verändert werden muss. Alles ist richtig so, wie es in dem Moment ist. Spürst du es?

Je stärker ein kollektives Verhalten, eine kollektive Überzeugung ist, desto schwerer ist es, sich davon zu befreien. Deshalb wird viel dafür getan, euch im Mainstream zu verhaften, euch von den gleichen Dingen abhängig zu machen und euch den gleichen Zugang zu Meinungen und Forschungen zu gewähren. Deshalb ist die Wirkung eines Erwachten so stark. Er ist wie ein Licht in einem dunklen Raum, der ein Licht in all den anderen entzündet, die sich in dem Raum befinden.

Euer kollektives Erwachen ist nicht mehr aufzuhalten. All die Versuche, euch in Abhängigkeiten zu halten, werden langfristig scheitern. Die Maßnahmen dazu werden immer drastischer, und es wird noch viel Leid und Elend über die Menschen kommen. Am Ende jedoch steht das vollkommene Erwachen des Planeten.

Deine Verwandlung

Du weißt, dass es keine Zeit gibt. Du kannst dich bereits jetzt mit dem Zustand des vollkommenen Erwachens verbinden. Alles ist *jetzt*, und im vollkommenen Bewusstsein kannst du in der Zeit hin und her springen wie in den Hüpfkästchen, die ihr als Kinder so gern auf eure Straßen maltet.

Je mehr du erwachst, desto stärker wirst du die Verbindung zur Kollektivität der Egos verlieren. Das kommt dir zunächst vielleicht wie eine große Einsamkeit vor. Doch dieser Prozess, der dich aus dem Kollektiv der Einzel-Seelen-und-Egos löst, bringt dich am langen Ende in die Verbundenheit aller Seelen, die nicht mehr dem Ego verhaftet sind.

Du wirst keine Beziehungen mehr führen können, die nur auf Emotionen und Leidenschaften aufbauen. Das sind Abhängigkeiten, aus denen du dich löst. Deine Verbindungen werden tiefer und seelisch verbundener sein, als du es bisher erlebt hast. Eine neue Dimension der Liebe wartet auf dich.

Das bedeutet nicht, dass du, wenn du dir dessen gewahr wirst, all deine Beziehungen und Verbindungen beenden musst. Die Entwicklungen werden unaufhaltsam zum richtigen Zeitpunkt im Außen ihre Entsprechung zeigen. Entweder werden die Menschen sich von dir lösen oder du spürst, wann und ob es für dich Zeit ist, zu gehen oder zu bleiben. Du musst niemanden verlassen, um dich zu entwickeln, und doch kann dies manchmal förderlich für dein Erwachen sein. Du wirst wissen, wann was zu tun oder zu lassen ist. Je bewusster du bist, desto weniger musst du dir darüber Gedanken machen. Du wirst in jedem Augenblick wissen, was richtig ist. Alles, was ist, ist richtig.

Manchmal ist es eine gute Sache, nichts zu tun und den Geist in dir oder durch dich etwas tun zu lassen. Deine Verwandlung geschieht, wenn du ruhig bist, im Schlaf, in der Bewusstheit, in der Stille, im *Jetzt*. Eine große helle Veränderung wird sich in deinem Leben ereignen. Eine tiefgreifende innere Veränderung wird sich in dir vollziehen. Implantate, die Menschen abhängig halten, werden durch das Licht, das dich durchströmt, entfernt. Du wirst bemerken, dass du auf die gleichen Situationen anders reagierst. Das ist der Grund, weshalb du solche Situationen überhaupt noch anziehst. Deine Reaktionen darauf sind keine echten Reaktionen mehr. Es ist vielmehr ein Beobachten, ein Gewahrwerden. Durch deine Bewusstheit in Bezug auf die aktuelle Situation können sich diese Situationen für immer transformieren. Nie wieder wirst du solche Lebensumstände anziehen.

Die Mächte, die euch in Abhängigkeiten halten, nähren sich von euren Energien. Aber auch die Mächte, die euch positiv beeinflussen, nähren sich von euren Energien. Das ist das Fatale an der Dualität. Alles, was in eine bestimmte Richtung tendiert und die andere Seite ausschließt, ist nicht das All-Eins-Sein. Im All-Eins-Sein ist alles vereint und gleich gültig, gleich existent und gleich wertig.

Die Mächte, die euch in Gefangenschaft und Abhängigkeiten halten, egal ob sie als gut oder böse auftreten, nähren sich von euren Energien. Sie nähren sich von euren Leidenschaften, euren Emotionen. Das erzeugt Anhaftung. Während eurer Inkarnationen wurdet ihr programmiert und formatiert. Es bestehen unsichtbare abhängige Verbindungen zwischen euch und denen, die Macht über euch ausüben. Ihr reagiert mit euren niederen Instinkten, und das behindert euer Wachstum, euer Erwachen. Ihr verliert so eure körperlichen und mentalen Kräfte. Oft dauert es viele Jahre oder Leben, bis ihr eure Kraft zurückgewinnen könnt.

Doch sollt ihr wissen, dass es eine kosmische Amnesie gibt. Seelen, die erwachen wollen, müssen nicht mehr durch lange Phasen des Verzichts gehen. Ihr müsst euch nicht mehr kasteien. Eure Entwicklung verläuft so viel leichter, als es noch vor Jahrzehnten möglich zu sein schien. Ihr könnt erwachen in einem Tempo, das euch als Kollektiv geschenkt wurde, um die Erde und die Energie auf eurem wunderschönen Planeten zu retten.

Durch die Amnesie werden alle Seelen, die den Prozess des Erwachens durchlaufen, von diesen Programmen gereinigt, so dass diese immer weniger Einfluss auf eure Handlungen, Gedanken und Gefühle haben. Das geschieht ohne Anstrengung. Es ist ein großer Segen. Die Amnesie wandelt all eure Abhängigkeiten und Einschränkungen, all eure Erinnerungen in Liebe und Licht.

Es wird Zeiten geben, in denen die Veränderungen nur subtil und marginal für euch spürbar sind. Und doch ist die Verwandlung ein Prozess, der keinen Stillstand hat. Ihr werdet auch Zeiten erleben, in denen ihr so viele innere und äußere Veränderungen wahrnehmt, dass ihr teilweise das Gefühl haben könnt, es ist zu viel und ihr seid dem nicht gewachsen. Doch wir versichern euch, dass ihr nie etwas erleben werdet, dem ihr nicht gewachsen seid. All diese Veränderungen dienen eurem Erwachen, eurem Wachstum und der Entwicklung eurer Seele. All dies ist notwendig, um das Erwachen auf der Erde voranzubringen.

Die Amnesie ist im eigentlichen Sinn keine Reinigung. Aber diese Bezeichnung kommt dem nahe und unterstützt euer Verständnis dafür. Es ist eine Anhebung der Energien, durch die die Erinnerungen, Implantate, eure Emotionen und Anhaftungen nicht mehr existent sein können. Die Reinigung, die keine ist, geschieht nicht individuell, sondern kollektiv. Kollektiv bei all den Seelen, die sich für das Erwachen entschieden haben. Ihr müsst aktiv nichts dafür tun. Es geschieht automatisch.

Doch je aufmerksamer ihr seid, desto mehr spürt ihr die Veränderungen und desto stärker können die Veränderungen in und durch euch wirken.

Es wird in jedem von euch etwas Neues geboren. Es wird etwas in euch wachsen, was neu ist. Ein Talent, ein Potenzial. Die Amnesie befreit und beflügelt euch, so dass in euch etwas kreatives Neues entstehen kann, eine völlig neue Kraft, die immer schon in euch schlummerte, zu der ihr jedoch keinen Zugang haben konntet, weil eure Sinne vernebelt und eure Kanäle geschlossen waren. Seid wachsam und aufmerksam, wenn jemand um eure Hilfe bittet, ihr werdet geführt zu neuen Aufgaben. Wagt es zu helfen und tut Dinge, die ihr nie zuvor getan habt, für die es noch keinen vorgezeichneten Weg auf eurem Planeten gibt. Ihr seid die Pioniere für eine Neue Erde.

In eurer Dualität agiert ihr sowohl authentisch und aufrichtig, und doch *erscheint* euer Verhalten auf einer anderen Ebene nur authentisch, ist jedoch Illusion, Fantasie, ein virtuelles *Erscheinen*, das nicht eurem tieferen Wesen entspricht. Mit eurem Erwachen verliert ihr die Dualität. Euer Handeln und Denken *ist* dann eindeutig, klar und authentisch. Eure DNA verändert sich, und ihr verkörpert Schönheit, Gesundheit und die klare Transparenz des Erwachens.

Wenn sich starke Veränderungen in eurer Seele ereignen, benötigt ihr mehr Schlaf. Euer System braucht Ruhe, um sich neu auszurichten. Ihr werdet in der Lage sein, einen Zustand der Präsenz zu erreichen, in der ihr sowohl die Substanz als auch die Nichtsubstanz der Welt wahrnehmen könnt und so das Geheimnis der Schöpfung in euch und um euch herum spürt, aufnehmt und weitergebt. Es ist ein Sprung in die Unendlichkeit, die ihr mit anderen teilen werdet, mit all jenen, die den Ruf ebenfalls spüren und ihm folgen.

So kommt es zu einem schrittweisen Abbau von Hindernissen auf mentaler, physischer und emotionaler Ebene, die das Potenzial deiner Seele jetzt noch blockieren und verlangsamen.

Das wird all denen widerfahren, die an die Verwandlung, an das Erwachen glauben. Auf all jene, die nur ihre egoistischen Ziele verfolgen, wird die Wandlung keinen Einfluss haben. Sie werden als Seele später, in anderen Inkarnationen oder in anderen Daseinsformen und auf anderen Planeten, erwachen.

Die Energie der Neuen Erde

Euer Erwachen wird proportional zu eurem Glauben und eurem Grad der Offenheit geschehen. Es ist nicht notwendig, dass ihr euch mit anderen Menschen, die sich für das Erwachen entschieden haben, trefft oder austauscht. Ihr könnt euch zu jeder Zeit von jedem Ort aus mit all diesen Seelen und mit der Energie des Erwachens verbinden. Ihr seid nicht allein und ihr seid nicht die einzigen. Tatsächlich gibt es immer mehr als Menschen inkarnierte Seelen, die den Weg des Erwachens gewählt haben. Mit jedem Einzelnen erhöht sich die Energie des Erwachens und kann so auch Seelen erreichen, die noch schlummern. Um euren Planeten zu retten, benötigt es nur einen *Bruchteil* aller inkarnierten Seelen, die den Prozess des Erwachens gehen.

Natürlich könnt ihr euch treffen und austauschen. Doch können eure Worte und auch die Worte dieses Buches nicht gänzlich ausdrücken, was die Seele *ohne* Worte versteht. Und ihr könnt auch mit eurem Verstand nicht erfassen, was der Prozess des Erwachens in Gänze bedeutet. Doch je erwachter ihr seid, desto intuitiver seid ihr und desto mehr versteht ihr all die Prozesse, die ohne Bezeichnungen besser und tiefer verstanden werden. Ihr spürt dann ein Wissen, das jedem von euch inhärent ist und an das ihr euch nach und nach auf intuitiver Ebene erinnert. Ihr wisst so viel, zu dem ihr mit eurem Verstand keinen Zugang habt. Vertraut euren Wahrnehmungen.

Versuche auch nicht, die Worte dieses Buches, die für deinen Verstand keinen Sinn ergeben, unbedingt verstehen zu wollen. Deine Seele versteht all dies, und auf einer bestimmten Ebene verstehst du ebenfalls. Du musst dieses Buch oder andere Schriften nicht lesen, deine Seele, die mit allem verbunden ist, weiß um all diese Zusammenhänge. Es ist ein Erinnern, kein Entdecken. Deine Seele, die mit der Seele verbunden ist, die alles ist und alle Seelen in sich vereint, weiß alles, durch alle Räume und Zeiten hindurch.

Ihr werdet in der Lage sein, euch mit der allumfassenden Schöpferkraft zu verbinden, der Kraft, die alles erschafft. Ihr werdet jenseits von Taten und jenseits des Nichts sein, wobei aus dem Nichts, dem Raum zwischen allem, Bewusstsein und Schöpfung entstehen. Mit euren physischen Körpern werdet ihr den Geist, der nicht Materie ist, aufsaugen und so den Zusammenhang zwischen der Erschaffung der Materie und dem Geist, der erschafft, in euren Körpern wahrnehmen und auf einer universellen Ebene verstehen.

Die Energie der Zukunft wird weiblich sein. Nicht weiblich im Sinne des physischen Geschlechts. Gemeint ist die Weiblichkeit, auf die sich Intuition und Schöpfung gründen. Ein neues Zeitalter wird heranbrechen. Das Zeitalter der Weiblichkeit. Je stärker ihr in eure weiblichen Talente kommt, desto schwächer werden die Kontrollen, die euch von denen, die die Erde knechten, auferlegt sind. All diese Kontrollen sind *nicht* weiblicher Natur. Es war ihnen möglich, all eure intuitiven und schöpferischen Talente zu hemmen, doch wenn diese Talente einmal erwacht sind, können sie durch nicht-weibliche Energien nicht mehr kontrolliert oder gedämpft werden. Jeder von euch, der erwacht und seine weiblichen Talente (wieder-)entdeckt, erleichtert das Erwachen und das Erinnern für so viele andere von euch. Erfreut euch an jedem, der erwacht und der seine weiblichen Talente zum Ausdruck bringt, denn ihr könnt nur als Kollektiv erwachen und jedes Talent, das du bei einem anderen wahrnimmst, erleichtert dein Erwachen um ein Vielfaches. So, wie auch du durch das Nutzen deiner Talente das Erwachen von so vielen erleichtern wirst.

Ihr seid auf eurem Planeten in kollektiven Verhaltensweisen gefangen, die ihr durch eure Bildung, eure Rasse, eure Religion, die Schule, die Mode und dergleichen mehr diktiert bekamt. Die Mächte, die aus eurem roboterhaften Verhalten Energien ziehen, verlieren ihre Macht, wenn immer mehr von euch diese Konditionierungen verlassen und ihren Gehorsam und ihre Abhängigkeiten auf Seelenebene aufkündigen.

Auch eure Werte werdet ihr neu definieren. Es ist möglich, dass Fülle für euch bedeuten kann, bequem und ohne Überfluss zu leben. Ihr werdet Liebe frei von Leidenschaften erleben, und Ruhe, Stille und Raum werdet ihr als zunehmend wertvoll erleben.

Verborgene Seiten deiner Seele, die bisher isoliert und unentdeckt waren, treten an die Oberfläche und ermöglichen dir ein Leben in Genuss und die Erfüllung deiner Wünsche. Je stärker du in deine Schöpferkraft kommst, desto kürzer wird die Zeit zwischen deinen Gedanken und deren Manifestation.*

Der weibliche Geist der Quantenenergie verschmilzt allmählich mit deiner Seele und verliert Erinnerungen an die Programmierung durch die Mächte, die die Seelen der Erde kontrollieren. So verschwindet nach und nach die Seele, die an ein Ego gebunden ist. Eine neue Art von Männern und Frauen entsteht. Menschen und Seelen, die transformiert sind.

Die Seele muss sich auflösen, um sich vom Rad der Reinkarnationen zu befreien. So verliert die Seele ihre Anhaftungen an Abhängigkeit und Versklavung. Ein neues Zeitalter, eine Neue Erde entsteht.

---

* Sehr effektive Übungen zur Manifestation enthält das Buch *No Limits! Willkommen in der Schöpferkraft*, das Marlies Pante von den Arcturianern diktiert wurde. – *Der Verlag*

Wenn du erwachst, kommen Seelenanteile, die du in deinen Inkarnationen verloren hattest, zu dir zurück. Je mehr Anteile wieder bei dir sind, desto schneller und einfacher geschieht der Prozess. Dadurch steigen deine energetischen Vermögenswerte auf Seelenebene. Deine Seele vereint sich wieder als vollständiges System, um sich dann im Pool aller erwachten Seelen vollständig zu verlieren, indem sie damit eins wird.

Du musst diese Prozesse nicht bewusst herbeiführen. Sie geschehen automatisch. Und du musst dir dieser Prozesse nicht einmal bewusst sein.

Wenn deine Seelenanteile zurückkehren und sich wieder vereinen, kehren alte Erinnerungen aus früheren Leben zu dir zurück. Manchmal erlebst du Situationen, die keiner deiner bisherigen Erfahrungen gleichen. In diesen Situationen kommen alte Leben als Spiegel zu dir. Du darfst dir die Situationen in Ruhe anschauen. Meist gehen sie von selbst wieder. Die Energie und die Entwicklung dieser Situationen vervollständigen die Erfahrungen und Lernprozesse deiner Seele, bis sich in ihr alles vereint, das, was ihr gut, und das, was ihr schlecht nennt. Deine Seele hat im Moment des vollständigen Erwachens erkannt und erlebt, dass alles eins ist, dass das Helle und das Dunkle sich nicht voneinander trennen lässt. So kann eine erwachte Seele nichts anderes sein als in vollständiger Akzeptanz, Harmonie und Einssein mit dem, was ist.

Ein Versuch der dunklen Mächte, die Erde zu kontrollieren, zielt darauf ab, die Zukunft zu kontrollieren. Auf der Ebene der Quantenwellen, die das Gleichgewicht aller karmischen Erinnerungen der Menschen darstellen, ist die Zukunft bereits vorhanden, aber diese soll geändert werden. Die Quantenwellen werden manipuliert. Dadurch schwellen noch nicht transformierte Erinnerungen an, können sich in einen psychischen Tumor verwandeln und schließlich einen Anstieg des globalen Wahnsinns im Stil einer Apokalypse verursachen. Das alles sind Zeichen dafür, dass ihr in einer Zeit lebt, die das Ende des Systems erleben wird.

Du musst jedoch keine Angst haben. Es ist nur ein Versuch, das Erwachen zu verzögern. Ihr werdet ohnehin erwachen. Nicht jeder Einzelne von euch. Aber die kritische Masse von euch wird erwachen und so den Weg für all die anderen auf diesem Planeten inkarnierten Seelen bereiten, damit sie in diesem oder in folgenden Leben erwachen können. Viele Seelen werden die Erde verlassen, weil die zunehmend feinstofflichen Energien der Erde nicht mehr passend für ihren Stand der Entwicklung sind. Ihr erschafft so viele Katastrophen mit so vielen Todesfällen, um die Erde von Seelen zu befreien, die noch eine Anhaftung an grobstoffliche Energien benötigen, damit das kollektive Erwachen beschleunigt wird.

Viele von euch spüren, dass etwas Großes in der Welt geschieht. Ihr nehmt wahr, dass sich die Energien der Erde verändern, denn die Quantenwellen der Zukunft sind für euch wahrnehmbar. Je erwachter ihr seid, desto leichter könnt ihr diese Wellen wahrnehmen, und so erklärt sich eure zunehmend klarere Intuition, Hellsichtigkeit und Vorahnung.

Die Quantenwellen der Zukunft sind jedoch nicht vorherbestimmt. Ihr erschafft sie mit euren Gedanken und Gefühlen im *Jetzt*. Ihr wählt das Ergebnis *jetzt* und *hier*. Ihr *macht* die Zukunft.

Die kontrollierenden Mächte, die euer Erwachen hinauszögern wollen, inszenieren Katastrophen auf der Erde, um eure Angst zu schüren. Wenn viel Angst unter den Menschen herrscht, ändern sich die Quantenwellen und erzeugen so eine Zukunft mit Situationen, in denen ihr erneut Angst haben werdet. Angst behindert das Erwachen. Wir raten euch deshalb, euch von der Angst fernzuhalten. Die Zukunft geschieht so, wie ihr die Quantenwellen erschafft. Wenn ihr im Jetzt keine Angst fühlt, erschafft ihr für eure Zukunft auch keine Situationen, in denen ihr Angst erlebt, und enthebt so den Versuch, euch am Erwachen zu hindern, seiner Macht.

Dadurch erkennst du vielleicht, dass es nicht notwendig ist, krank zu werden oder im Alter leiden zu müssen. Ihr müsst keine Kriege oder Katastrophen erschaffen. Die Zukunft muss nicht so sein, wie ihr glaubt, dass sie sein wird.

Jeden Tag, in jedem einzelnen Moment, erschafft ihr eure Zukunft. Ihr kommuniziert mit dem Feld, erschafft so die Quantenwellen der Erde, und auf diese Weise entsteht eure Zukunft. In jedem einzelnen Moment, ob ihr ihn bewusst oder unbewusst erlebt.

Noch fürchtet ihr eure Kraft und Macht, die Situation auf der Erde zu heilen. Noch erkennt ihr im Kollektiv nicht, dass ihr mit euren Gefühlen und Gedanken im *Jetzt* eure Zukunft, die Zukunft eures Planeten verändern könnt. Jeder Einzelne von euch hat die Kraft in sich, das Leiden zu heilen. Wenn die kritische Masse von euch die eigene Macht erkennt und anwendet, vollzieht sich der Wandel auf eurem Planeten. All die Bemühungen der Mächte, die die Erde kontrollieren, zielen darauf ab, euch in Vernebelung und Ablenkung zu halten, so dass ihr eure Macht nicht erkennt und nicht für euer Wohlergehen einsetzt. Solange sich euer Geist und euer Bewusstsein in Abhängigkeit und Vernebelung befinden, verzögert ihr das Erwachen des gesamten Planeten.

Wenn euer Bewusstsein klar ist und ihr achtsam in jedem Augenblick seid, benötigt die Transformation der Erde keine Zeit mehr. Alles kann sich dann verwandeln im jetzigen Moment. Die Illusion Zeit benötigt ihr ohnehin nur, damit ihr die Prozesse des Bewusstseins und des Erwachens wahrnehmen könnt.

Ihr seid keine passiven Beobachter in diesem Universum. Ihr seid Schöpfer. Mit jeder bewussten Schöpfung, mit jeder Kreation, die ihr als von euch selbst erschaffen erkennt, schreitet euer Erwachen voran.

Tatsächlich ist es sogar so, dass die Art, wie ihr die Welt beobachtet, schöpferisch ist. Ihr könnt dem

Universum, der Welt, der Zukunft nicht euren Willen aufzwingen, doch könnt ihr durch euer Beobachten die Welt *verändern*. Das, was ihr erwartet zu sehen, wird immer etwas erschaffen. Eure Erwartung und eure Beobachtung erschaffen die Welt.

Wenn ihr erwartet, etwas zu erleben oder zu sehen, ist das ein Schöpfungsakt. Eure Erwartung, etwas Bestimmtes zu sehen, zu erleben, erschafft genau dies.

So erschafft ihr durch eure Erwartung, durch euer Beobachten, durch euer Suchen Krankheiten, Mangel und Gründe für euer Unglücklichsein. So erschafft ihr eure Beziehungen und die Art, wie andere Menschen sich euch gegenüber verhalten. Ihr erschafft auf diese Weise, wie ihr über euch selbst denkt, und ihr erschafft es stets auf Neue.

Ändert ihr die Art, wie ihr die Welt beobachtet und was ihr erwartet, so erschafft ihr eine neue Welt.

Eine Neue Erde.

Erkenne deine Schöpfungen

Wenn ihr euch über euch selbst ärgert, weil ihr bestimmte Verhaltensweisen nicht abstellen könnt, erschafft ihr genau diese Verhaltensweisen. Und eben diesen Mechanismus nutzt man, um euch in Abhängigkeiten zu halten. Ihr sollt daran gehindert werden, euer Potenzial, eure Macht und eure Schöpferkraft für eure Bewusstwerdungsprozesse, für euer Erwachen einzusetzen.

Wir sagen euch nicht, dass ihr nicht mehr beobachten sollt. Ihr könnt jedoch darauf achten, *was* ihr beobachtet. Wenn du in den Spiegel schaust, was beobachtest du? Beobachtest du den Verfall deines Körpers? Oder beobachtest du das Strahlen in deinen Augen? Beobachtest du, dass dein Körper zunehmend steifer wird, oder beobachtest du die Flexibilität deines Körpers? Beobachtest du die Zunahme deiner ergrauten Haare, oder beobachtest du die Haare, die in voller Pigmentierung wachsen? Jede deiner Beobachtungen ist ein Schöpfungsprozess.

Beobachtest du, wie die Menschen immer unfreundlicher miteinander umgehen, oder beobachtest du, wie offen und achtsam sich die Menschen verhalten? Beobachtest du, welche unsinnigen Entscheidungen eure Politiker treffen, oder beobachtest du, welch weise Entscheidungen für die Menschen getroffen werden? Alles, was du beobachtest, ist Teil deiner Schöpfung. Wenn dir deine oder eure kollektive Schöpfung nicht gefällt und du deshalb Gedanken, Gefühle und Beurteilen daraus entwickelst, manifestierst du diese Schöpfungen.

Wach auf, erkenne deine Schöpfungen. So kannst du nicht mehr urteilen, weil du alles, was ist, als deine Schöpfung erkennst, und im nächsten Schritt, alles, was jetzt ist, in Frieden anerkennst.

Durch diese Bewusstheit ändern sich die Energien und Ereignisse auf eurem Planeten.

Ihr erschafft auch durch eure Überzeugungen. Ihr habt eure Überzeugungen von euren Eltern, euren Lehrern, euren Religionen, eurer Gesellschaft, euren Erfahrungen, die ihr ebenfalls aufgrund eurer Überzeugungen gemacht habt. Hältst du es für möglich, dass sich all diese Instanzen irren? All diese Personen und Institutionen, die einen Großteil deiner Überzeugungen geprägt haben, waren entweder aufgrund ihrer Art des Beobachtens gefangen im Kreis von Beobachtung, Erwartung und Manifestation oder hatten ein Interesse daran, euch zu manipulieren.

Wenn du erwachst, erkennst und erfährst du, wie groß deine eigene Macht zur Manifestation wirklich ist. Du bist weder ein Opfer noch machtlos. Das Universum wartet darauf, dass ihr eure Macht erkennt und nutzt, um so den Weg für all die anderen zu öffnen, die sich ebenfalls aus den Abhängigkeiten befreien und ihre Macht erkennen werden.

Die euch innewohnende Macht ist so stark, dass keine andere irdische Macht sie beeinflussen kann, wenn ihr diese voll nutzt. Alles, was ihr als Wunder bezeichnet, ist möglich durch eure Überzeugungen und Beobachtungen. Verschiebt die Grenzen dessen, was ihr für möglich haltet, und ihr werdet Dinge erschaffen, von denen ihr nicht zu glauben wagtet, dass sie in eurer Macht stehen.

Auf Quantenebene seid ihr alle miteinander verbunden. Deshalb ist dein Erwachen bedeutsam für all die anderen Menschen, die erwachen werden. Ihr seid auch mit eurer eigenen Vergangenheit und eurer Zukunft verbunden. So kannst du dir dein eigenes Erwachen in der Zukunft vereinfachen, indem du dich im *Jetzt* damit verbindest. So veränderst du deine Zukunft, und diese Zukunft erleichtert dir dein *Jetzt*. Mit deinem Bewusstsein kannst du nur im *Jetzt* sein. Zwar kannst du auch durch die Zeit reisen, aber dann nimmst du die erlebte Zeit als *Jetzt* wahr. Das ist das ganze Geheimnis von Zeitreisen. Du reist nicht durch die Zeit, sondern veränderst die Wahrnehmung deines Bewusstseins.

Wenn du dein Bewusstsein in der Gegenwart veränderst, verändert es dein Bewusstsein der Vergangenheit, ganz und gar unabhängig davon, dass die Vergangenheit bereits geschehen ist.

Was du mit deinem Verstand denkst, ist nicht maßgeblich für deine Schöpfungen.

Maßgeblich ist das, wovon du im tiefsten Inneren deines Herzens überzeugt bist.

Mit eurem Bewusstsein erschafft ihr Möglichkeiten und Wahrscheinlichkeiten. Alle Möglichkeiten existieren, sobald ihr eure Wirklichkeit entsprechend beobachtet. Innerhalb dieser Möglichkeiten, dieser Matrix, erschafft ihr genau das, wovon ihr zutiefst überzeugt seid. Eure Überzeugungen könnt ihr ändern durch bewusste Beobachtung.

Auf diese Weise kannst du dir Fülle, erfüllte Beziehungen, Gesundheit, was auch immer du dir wünschst, erschaffen. Als Kollektiv könnt ihr euch Frieden auf Erden, Anhebung des Bewusstseins, eine saubere Umwelt, was auch immer ihr euch wünscht, erschaffen. Ihr habt eine enorme Macht in euch. Wenn ihr Kriege erschaffen könnt, wie könnt ihr annehmen, dass ihr keinen Frieden erschaffen könnt? Für Frieden ist so viel weniger in der äußeren Welt notwendig als für Kriege. Einzig eure Beobachtung, euer Bewusstsein bedarf einer Änderung.

Während der Krise, die ihr gerade erlebt, habt ihr beobachtet, dass Schiffe nicht mehr fuhren und Boote in den Häfen lagen. Andere von euch haben beobachtet, dass Delfine wieder in den Häfen gesichtet wurden und sich ihren natürlichen Lebensraum zurückholten. In den Wasserstraßen von Venedig schwammen wieder Fische.

Als der Flugverkehr still stand, habt ihr berufliche und private Einschränkungen und den Entzug eurer Freiheit beobachtet. Andere von euch haben beobachtet, dass der Himmel an Farbkraft gewann. In China konnten Kinder zum ersten Mal in ihrem Leben einen blauen Himmel beobachten. Hast du beobachtet, wie ruhig der Himmel wurde?

Ihr konntet beobachten, dass Kinder nicht mehr zur Schule gingen. Habt ihr auch beobachtet, dass sie kreativ und selbstbestimmt werden konnten? Hast du beobachtet, wie nahe sich Eltern und Kinder wieder kommen konnten?

Vielleicht hast du beobachtet, dass sich ein Mangelbewusstsein ausbreitet. Hast du auch beobachtet, dass die Welt sich entschleunigt hat? Hast du gesehen, wie Menschen und die Natur einen Teil ihrer Kraft zurückgewonnen haben? Deine Beobachtung erschafft. Ihr könnt im Kollektiv durch eure Beobachtung entscheiden, welche Folgen ein Ereignis hat. Beobachtet das, was ihr in der Welt sehen wollt. Ihr seid nicht Beobachter im Sinne eines Zuschauers. Ihr seid Beobachter im Sinne eines Schöpfers. Ihr erschafft durch euer Beobachten. Je intensiver ihr etwas beobachtet, desto stärker ist eure diesbezügliche Schöpferkraft.

Beobachtet ihr mit Sorge die Entwicklungen an der Börse? Beobachtest du mit Freude, wie loyal dein Partner sich dir gegenüber verhält? Mit welcher Überzeugung beobachtest du deinen Konto- oder Gesundheitszustand?

Ihr erschafft private und globale Krisen, um euch dazu zu zwingen, andere Verhaltens- und Lebensweisen anzunehmen, um euch und euren Planeten zu schützen. Als Seele wisst ihr, dass diese Krisen notwendig sind, weil ihr als Ego in eurer Komfortzone bleiben wollt und nicht gewillt seid, eure Bequemlichkeiten aufzugeben. Wenn ihr jedoch keine Wahl habt, wenn ihr mit den veränderten Umständen klar kommen müsst, erschafft ihr euch die Gelegenheit, eure Werte zu prüfen, anzupassen und so euer Bewusstsein weiterzuentwickeln.

In der Geschichte eurer Zivilisationen gab es immer wieder Krisen, die euch als Gesellschaft dazu zwangen, eure Glaubenssätze und eure Werte zu verändern. Würdet ihr als Kollektiv durch innere Weisheit diese Evolution auf Seelenebene vollziehen, wären all diese Krisen nicht notwendig. Doch sind die Krisen keine Bestrafung. Ihr habt sie selbst auf Seelenebene erschaffen, damit die Seele nicht still steht, damit sie sich einzeln und im Kollektiv entwickeln kann. So nehmt jede Krise als Geschenk, als Angebot, als Hilfe für eure persönliche und seelische Entwicklung. Euer Bewusstsein erwacht.

Ihr seid angehalten, auch die Seele und das Bewusstsein in der Natur, in eurem Planeten, noch in den vermeintlich leblosen Dingen zu entdecken. Vielleicht gelingt es dir, dich eins mit allem, was ist, zu fühlen. Spürst du die Verbundenheit zu allem, was ist? Auf diese Weise bringt ihr das Spirituelle mit dem Materiellen in Einklang. Ein erwachtes Bewusstsein spürt die Einheit zwischen Materie und dem vermeintlich leeren Raum. Der leere Raum ist die Essenz, das Bewusstsein. Tatsächlich durchdringt der leere Raum sämtliche Materie. Alles Materielle ist durchdrungen von Bewusstsein.

Gemeinsam erschafft ihr dadurch eine neue Gesellschaft, eine neue Zivilisation. Eure alten Strukturen brechen zusammen. Es entsteht etwas Neues. Ihr bildet eine neue Art von Gesellschaft, die den spirituellen Aspekt allen Seins anerkennt und wertschätzt. Ihr lebt in einer bedeutsamen Zeit und seid Teil des Umbruchs, der Entwicklung von rational-materialistisch dominierten Strukturen zu einer Gesellschaft, die zunehmend bewusster und erwachter wird.

Einige eurer Physiker und Mystiker behaupten, dass eure Realität nur dort existiert, worauf euer Geist seinen Fokus richtet.

Eure Überzeugungen sind das, was in Erscheinung treten wird. Wenn ihr die Welt und die Ereignisse in der Welt verändern wollt, müsst ihr die Energie dieser Ereignisse, dieser Dinge, dieser Welt verändern. Die Energie bestimmt, wie eure Realität sich gestaltet.

In euren Körpern ist es das Herz, das die stärkste Energie produziert, also der Ort, an dem ihr fühlt und Gefühle aussendet. Das verändert euren Körper und die Welt. Ihr müsst nicht fühlen können, wo eure Gefühle entstehen, und ihr müsst auch nicht bewusst etwas aussenden. Es genügt zu wissen, dass euer Gefühl Realität erschafft. Das ist Teil eures Erwachens.

Eure Gedanken erzeugen ebenfalls Energie, doch ist die Energie, die ihr mit euren Gefühlen aussendet, so viel stärker. Eure Überzeugungen erlangt ihr, wenn sich euer Gefühl und eure Gedanken zusammenschließen. Mit diesen Überzeugungen erschafft ihr dann, was in eurem Leben und der Welt geschieht. Deine Überzeugungen hinsichtlich der Welt, deines Körpers, deiner Beziehungen, deiner Finanzen erzeugen das, was in deiner, in eurer Welt geschieht. Eure Überzeugungen verändern eure physische Welt, sie verändern die Materie.

Wenn du vollständig erwacht bist, denkst und fühlst du nur noch, was du erleben möchtest.

Ihr seid im Prozess des Erwachens. Tatsächlich ist dieser Prozess niemals abgeschlossen. Es reicht für diese Inkarnation völlig aus, wenn du dir dieser Macht bewusst wirst und sie anerkennst.

All das, was du dir wünscht, wovon du jedoch nicht überzeugt bist, existiert bereits im Raum der unendlichen Möglichkeiten. Deine Überzeugungen entscheiden, was davon in dein Leben kommt. Deine Überzeugungen sind die Magnete, die genau das in dein Leben ziehen, was du durch sie aussendest.

Einiges erschafft ihr im Kollektiv. Auch hier bedarf es lediglich einer kritischen Masse, die stark von etwas überzeugt ist, damit sich ein Ereignis manifestieren kann. Viele Menschen haben zu vielen Themen keinerlei Überzeugungen. Hier bedarf es nur der Überzeugung einer Weniger, um die Welt zu verändern.

Ebenso gibt es Themen, zu denen fast jeder eine Überzeugung hat. Hier bedarf es der Energie vieler, um eine Änderung zu bewirken.

Es nutzt nichts, wenn ihr von etwas überzeugt sein wollt oder jemanden zu einer bestimmten Überzeugung überreden wollt. Die Energie formt sich aus der tatsächlichen Überzeugung, die aus euren Gedanken und Gefühlen gebildet wird. Doch haben eure Überzeugungen eine immense Macht. Wenn ihr stark von etwas überzeugt seid, ist es leicht, die Energien anderer zu beeinflussen. Dafür müsst ihr niemanden missionieren. Ihr braucht auch keine Worte dafür. Eure Energien sind für andere Menschen deutlich spürbar. Einige spüren dies bewusst, andere nehmen dies auf einer unbewussten Ebene wahr.

Ihr nehmt sogar die Energien von Ereignissen wahr, die in der physischen Welt noch gar nicht geschehen sind. Dadurch, dass ihr mit allem, was ist, verbunden seid, wirkt sich jede Veränderung in euch gleichzeitig auf alles, was ist, aus. So erklärt sich auch, warum du Stimmungen, die ihr im Kollektiv erschafft, wahrnehmen kannst. Wenn es Krisen in der Welt gibt, kannst du sie wahrnehmen. Sogar bereits, bevor sie im Außen in Erscheinung getreten sind. Durch eure Verbundenheit geschieht alles, was in euch geschieht, zeitgleich im Außen. Doch die stärkste Kraft ist in euch. Wenn ihr mit euren Emotionen, mit euren Überzeugungen Realität erschafft, verändert sich die Welt im Außen. Zeitgleich.

Simultan. Ihr müsst euch dafür nicht im gleichen Raum wie ein anderer befinden. Ihr seid durch Raum und Zeit mit allem verbunden, was ist.

Es geht nicht darum, der Welt euren Willen aufzuerlegen. Ihr seid Teil des Großen Ganzen, und so erschafft ihr gemeinsam eure Welt.

Eure Wissenschaftler haben Techniken entwickelt, um das Bewusstsein auf der Erde messen zu können. Am 11. September 2001, am Tag der Terroranschläge auf das World Trade Center, verzeichneten diese Geräte enorme Ausschläge. Was euch verwundern könnte, ist, dass die Wissenschaftler bereits einen ganzen Tag vor diesem Ereignis starke Ausschläge der Geräte dokumentiert haben. So, wie Tiere spüren, dass sich Veränderungen im Wetter ereignen, wisst ihr im Bewusstsein, vielleicht auch unbewusst, dass Ereignisse auf euch zukommen. Die großen Ereignisse werden von euren Wissenschaftlern gemessen. Doch spürt ihr, wenn ihr achtsam seid, auch kleine Veränderungen in eurem eigenen Leben, bevor sie in Erscheinung treten.

Solange diese Ereignisse nicht in Erscheinung getreten sind, habt ihr Gelegenheit, sie abzuwenden. Verstehst du die Chance, die ihr jedes Mal bekommt? Ihr könnt wahrnehmen, was sich ereignen könnte, weil ihr es durch eure Aufmerksamkeit erschaffen habt, und erhaltet so die Möglichkeit, eure Emotionen und die Ausrichtung eurer Aufmerksamkeit zu verändern, um die Zukunft zu verändern.

Ihr seid alle miteinander verbunden. Es gab eine Zeit, in der sämtliche Materie miteinander verbunden war. Eure Physiker kennen Experimente, in denen sie Photonen halbieren und voneinander trennen. Jede Hälfte reagiert genau gleich wie die andere, wenn man die Bedingungen für nur eine Hälfte ändert, selbst wenn die Hälften viele Meilen voneinander getrennt sind.

Vielleicht kennst du das, dass du spürst, wie es einem Menschen ergeht, auch wenn er sich physisch weit entfernt von dir befindet. Durch eure Energien seid ihr mit allem verbunden, was ist. Ihr spürt es manchmal in Bezug auf geliebte Menschen, doch seid ihr in Wahrheit mit *allem* verbunden, was existiert, je existierte und je existieren wird.

Mit euren Gefühlen könnt ihr eure DNA verändern. Auf diese Weise könnt ihr euer Immunsystem, eure Hormone, ja euren gesamten körperlichen Zustand verändern. Mit euren Emotionen seid ihr in der Lage, die vermeintlichen Gesetze der Physik außer Kraft zu setzen. Ebenso könnt ihr durch eure Gefühle das Gefüge von Raum und Zeit verändern. Eure DNA verändert die Materie der Welt. Das bedeutet, dass ihr mit euren Gefühlen die Materie verändern könnt.

Wenn ihr Gefühle von Wertschätzung, Liebe oder Dankbarkeit habt, verändert sich entsprechend eure DNA. Fühlt ihr Hass oder Neid, verändert auch dies eure DNA. Durch die Änderungen eurer DNA ändert ihr entsprechend die Erfahrungen in eurer Welt. Durch eure Gefühle von Liebe erschafft ihr Liebe in der Welt. Fühlt ihr Angst, erschafft ihr Ereignisse, die euch erneut Angst fühlen lassen. Nicht das Ereignis im Außen ist zuerst da, sondern das Gefühl im Inneren. Das ist die Schöpfung. Ein erwachter Mensch ist immer auch ein bewusster Schöpfer.

Auf diese Weise seid ihr sogar in der Lage, andere Menschen zu heilen. Wenn ihr in euch das Gefühl erschafft, dass eine bestimmte Person gesund ist, tragt ihr enorm zu ihrer Heilung bei. Voraussetzung dafür ist, dass diese Person selbst an ihre Heilung glaubt. Der Glaube des selbst betroffenen Menschen ist stets am wirkungsvollsten. Deshalb ist es leicht für euch, Kinder zu heilen. Sie haben meist keinen Glaubenssatz über ihre Gesundheit. Viele Eltern machen sich Sorgen, wenn ihre Kinder erkrankt sind. Und genau diese Sorgen erschweren den Heilungsprozess. Seelen, die die Erfahrung machen wollen, als Kind krank zu sein, erschaffen sich keine Eltern, die Gesundheit manifestieren können. Wenn ihr wollt, dass eure liebsten Menschen gesund sind, so fühlt deren Gesundheit. Fühlt ihr Sorge oder Angst, könnt ihr deren Genesung erschweren. Wir sagen nicht, dass ihr auf medizinische Versorgung verzichten sollt. Wenn ihr in einem guten Gefühl seid, werdet ihr genau die richtige Heilmethode auswählen.

Natürlich könnt ihr auf die gleiche Weise auch Krankheit oder Mangel für jemanden erschaffen. Doch seid gewiss, dass alles, was ihr aussendet, auf euch selbst zurück fällt. Fühlt ihr Krankheit oder Mangel für eine bestimmte Person, so erschafft ihr auch für euch selbst Krankheit und Mangel.

Wenn ihr in der Fußgängerzone einen Bettler seht, so könnt ihr ihn akut durch euer Kleingeld unterstützen. Ihr könnt ihn jedoch auch als einen Teil eurer selbst erkennen. Stellt euch diese Person glücklich und in Fülle vor. So erschafft ihr für diesen Menschen den bestmöglichen Nährboden für seine Entwicklung, sofern seine Seele dafür bereit ist. Und so erschaffst du auch für dich selbst Glück und Fülle.

In Resonanz mit Allem

Urteile nicht darüber, dass manche Menschen es nicht schaffen, ihren Schwierigkeiten zu entwachsen. Hast nicht auch du Themen, die dich immer wieder begleiten? Hab Nachsicht mit diesen Menschen. Ihre Seele braucht noch Wiederholungen, um zu einem anderen Zeitpunkt eurer Zeitrechnung, also auf einer anderen Stufe des Bewusstseins, emporzuschweben.

Wenn du gnädig mit dem bist, was ist, wenn du jeden so sein lässt, wie er ist, ohne ihn verändern zu wollen, wenn du vollständig akzeptieren kannst, wie du selbst bist und wie andere Menschen sind und was sie tun oder nicht tun, so ist dies die Basis für die Entwicklung des eigenen Bewusstseins, für die Heilung und das Erwachen aller Seelen auf eurem Planeten. Je gnädiger du dich anderen Menschen gegenüber verhältst, desto gnädiger werden die Umstände und Menschen dir gegenüber sein. Denn es gibt nur Eins, ihr alle seid Eins.

Manchmal fällt es euch nicht leicht, euch andere Menschen reich und gesund vorzustellen. Insgeheim verspürt ihr einen Vorteil, wenn es euch besser geht als ihnen. Das sind Fragmente eures Egos, die in erster Linie erschaffen, dass es euch schlechter geht als anderen.

Ihr habt ein individuelles und ein kollektives Ego. Kollektiv distanziert ihr euch von Personengruppen, die einer anderen Religion, Gesellschaftsschicht, Berufsgruppe, Ideologie oder Generation angehören. Ihr identifiziert euch mit eurer eigenen Denkweise und Geschichte. Die Perspektive der anderen Seite wird von euch als nicht relevant verworfen. Auf diese Weise erschafft ihr Kriege und Konflikte, ohne dass ihr versteht, dass alle Perspektiven nur verschiedene Aspekte der Wahrheit sind. Ihr erkennt nicht, dass es keine Trennung gibt, dass alles gleichermaßen gültig und alles gleichermaßen nicht gültig ist.

Euer Denken und Fühlen kann mit dem Verstand, aus dem Ego heraus entstehen. Dann habt ihr eine rationale Sicht auf die Welt. Euer Denken folgt kollektiven Ego-Strukturen. Das Denken und Fühlen, mit dem ihr in die große Schöpferkraft gelangt, ist losgelöst vom Verstand. Es ist eine innere Überzeugung, ein inhärentes Wissen, das weitaus stärker und kraftvoller ist als jeder vom Verstand geleiteter Gedanke.

Je stärker du in deinen Ego-Strukturen verhaftet bist, desto weniger kannst du das All-Eins-Sein, deine Verbundenheit mit allem, was ist, wahrnehmen. Wenn du die Verbundenheit zu allem, was ist, verloren oder noch nicht wiederentdeckt hat, kannst du nicht im Frieden mit dem sein, was ist. Wenn du nicht im Frieden mit dem sein kannst, was ist, kannst du nicht aus einem tiefen Gefühl heraus das erschaffen, was dir und euch im Kollektiv nützlich und dienlich ist. Für euer Erwachen ist es notwendig, das Ego loszulassen. Im wahrsten Sinne eures Wortes. Ihr müsst die Not wenden, die Notsituationen, die ihr euch durch euer Ego erschafft, indem ihr bestimmt, was richtig und was falsch ist, und so Formen des Leids erschafft. Indem ihr eure Not, euer Leid wendet, indem ihr das anerkennt, was ist, lasst ihr von euren Ego-Strukturen ab, kommt ihr in den Zustand der Verbundenheit mit allem, was ist, und könnt so in bewusstem Erwachen das erschaffen, was euch und dem Kollektiv dienlich ist.

Indem du anderen gegenüber gnädig bist, bist du gnädig zu dir selbst. Sie können dir im Außen nur spiegeln, was du auch im Innen bist. Vielleicht kannst du diesen Aspekt deiner Selbst nicht in dir erkennen. Vielleicht kannst du diesen Aspekt nur bei anderen entdecken. So geschieht deine Heilung. Indem du das, was dir im Außen begegnet, vollständig akzeptierst, akzeptierst du auch alle Aspekte deiner Selbst. In dieser vollkommenen Akzeptanz von allem, was ist, heilst du dich und dein Außen gleichermaßen.

Euer Ego kann nicht ohne eure Identifikation mit eurer Geschichte existieren. Was erzählst du dir über dich selbst? Bist du ein Opfer? Hast du Pech gehabt? Waren die Umstände nicht günstig? Benötigst du Aufmerksamkeit oder Mitleid? Versuchst du auf diese Weise Energien von anderen zu bekommen? Wäre es nicht klüger und gesünder, deine eigenen Kräfte für dich selbst zu mobilisieren? Ist dir das zu unbequem? Müsstest du dafür aus deiner Komfortzone heraustreten? Höre auf, andere für dein Leben verantwortlich zu machen. Wenn du erwachst, erkennst du deine eigene Schöpferkraft vollständig an. Du kannst nicht länger Opfer oder in Abhängigkeiten sein.

Um aus dem Ego herauszutreten, musst du deine Identifikation mit dem, was du zu sein glaubst, loslassen. Du musst all die Rollen, mit denen du dich identifizierst, aufgeben. Eine Zeit lang wirst du vielleicht nicht wissen, wer du bist, ohne all diese Rollen, um dann, aus der Stille heraus, tief im Inneren zu entdecken, wer du wirklich bist, wer all die anderen Menschen sind und dass es nie eine echte Trennung gab. Erwachen bedeutet, die Verbundenheit und die Substanz eines Jeden ohne all seine Rollen wahrzunehmen.

Das Ego bedarf stets anderer Menschen, von denen es Bestätigung oder andere Formen der Aufmerksamkeit bekommt. Eine erwachte Seele ist stark und klar in sich selbst, um sich dann im Kollektiv der Seelen aufzulösen und auf diese Weise auch die Individualität der Seele aufzugeben.

Dein Ego ist nie ohne Verlangen oder Abhängigkeiten. Das ist das Gegenteil von Stille. Ein großes Ego kann nie die Stille des Seins erfahren. Ständig muss es sich darum kümmern, einen bestimmten Stoff oder Zustand zu bekommen oder aufrecht zu erhalten. Stille, Erwachen verlangt nichts. Erwachen verlangt nichts vom jetzigen Moment, nichts von der Zukunft und nichts von der Vergangenheit. Stille und Erwachen sind eins. Damit ist nicht die Stille gemeint, die sich einstellt, wenn ihr eure Bedürfnisse und Begierden gestillt habt. Vielmehr meinen wir die Stille, die ihr spürt, wenn ihr mit dem jetzigen Moment, mit der Zeit, mit dem was ist, verschmelzt und eure Ego-Strukturen sich auflösen.

Da ihr mit der Veränderung eurer DNA durch eure Gefühle auch die Gesetze von Raum und Zeit verlasst, seid ihr in der Lage, Umstände und Gesundheitszustände in Echtzeit zu verändern. Das bedeutet, sobald sich euer Bewusstsein ändert, ändern sich eure Lebensumstände. Da viele von euch dies nicht unmittelbar verkraften können, gibt es eine Art Gnade, einen Zeitpuffer. Ihr erfahrt diesen Puffer als zeitliche Entwicklung, als Genesung, als Heilungsprozess, als langsame Verbesserung eurer Lebensumstände.

Verliert in dieser Zeit nur nicht euren Glauben, denn dann stoppt der Heilungsprozess unmittelbar. Oft verliert ihr euren Glauben, wenn sich erneut Umstände manifestieren, die euch nicht gefallen. Ihr überseht dabei, dass ihr diese Umstände vor eurem Bewusstseinswandel erschaffen habt und dass auch diese Manifestationen Zeit brauchen, um in Erscheinung zu treten. Es sind eure Schöpfungen von gestern. Bleibt stark im Glauben.

Im *Jetzt* erschafft ihr euer Leben von morgen. Wenn ihr vollkommen erwacht seid, entfällt der zeitliche Puffer. Ihr seid dann so klar und sicher im Erschaffen, dass ihr *instant* manifestieren könnt. Vielleicht fällt euch auf, dass ihr immer häufiger Synchronizitäten erlebt. Ihr denkt etwas, und zeitgleich oder mit wenig Zeitverzug seht oder hört ihr etwas Entsprechendes im Außen. Das sind Hinweise, dass euer Erwachen voranschreitet, dass ihr immer stärker in euer Bewusstsein und in eure Schöpferkraft kommt.

Beim erfolgreichen Erschaffen ist euer Glaube nicht auf Heilung oder den Prozess ausgerichtet. Euer Glaube ist ausgerichtet auf den bereits erfüllten Zustand. Es kann sein, dass sich dieser gewünschte Zustand als Prozess manifestiert, doch erschafft ihr diesen Prozess, indem ihr an den gewünschten Endzustand glaubt, nicht an den Prozess. Ihr erschafft, indem ihr das Ergebnis vollkommen fühlt, indem ihr vollkommen von dem Gefühl der Erfüllung durchdrungen seid. Du fühlst nicht, dass es geschehen *wird*, sondern dass es bereits geschehen *ist*.

Wenn ihr glaubt, dass ihr eines Tages reich, gesund oder in einer schönen Liebesbeziehung seid, dann erschafft ihr genau das, nämlich dass es jetzt noch nicht geschehen ist. Fühlt, dass das, was ihr euch wünscht, bereits in Erscheinung getreten ist. So manifestiert ihr das, was ihr euch wünscht. Auf diese Weise könnt ihr euch ebenso innere Zustände wie Gelassenheit, inneren Frieden oder Freude erschaffen.

Wenn du erkennst, dass du alles bist, weißt du, dass du die Reiche und der Arme, die Schöne und der Hässliche bist. Wenn du gegen etwas bist, was dir im Außen erscheint, bist du immer nur gegen diesen Aspekt in dir selbst. Es gibt keine Feinde, außer denen in dir.

In deinem Erwachen erkennst du, dass du Zugang zu allem Wissen hast. Du bist nicht getrennt. Vorbotin eures universellen Zugriffs auf alles, was ist, ist eure Intuition. Immer häufiger wirst du Momente erleben, in denen du einfach weißt, was ist. Du musst dafür nicht die Welt bereisen oder andere Menschen interviewen. Diese Fähigkeit des Einswerdens, des sich in Resonanz mit etwas vermeintlich anderem zu bringen, schult ihr automatisch im Prozess eures Erwachens.

Irgendwann werdet ihr feststellen, dass es keine Geheimnisse gibt, und das wird eure Gesellschaftsstrukturen, eure gesamte Zivilisation nachhaltig verändern. Denn: Alles, was ihr denkt, fühlt und erlebt, ist im gesamten Feld, in der Matrix vorhanden. Alles, was je gedacht, gefühlt und erschaffen wurde, ist für euch zugänglich. Ihr benötigt dafür keinerlei technische Hilfsmittel. Alles, was du dafür benötigst, trägst du bereits von Anbeginn der Zeit in dir. Du musst diese Fähigkeit nur wiederentdecken, sie ausprobieren, damit spielen und sie einsetzen. Mit der Zeit wirst du immer sicherer und klarer im Umgang mit dieser Kraft in dir. Freust du dich darauf?

Zunächst wirst du nur ein Gefühl in dir wahrnehmen, wenn du auf der Suche nach einer Antwort bist.

Später wirst du die Antworten finden, wie ein gutes Navigationssystem dich zu jedem Ort auf der Erde führen kann. Du weißt, welche Strukturen du in dir verwenden musst, um Antworten auf all deine Fragen zu erhalten. Du wirst Antworten erhalten, die weit über den Umfang einer reinen Intuition hinausgehen. Die Antworten, die du finden wirst, werden so genau und klar verständlich für dich sein wie jede auf herkömmliche Art formulierte Antwort.

Irgendwann werdet ihr von euren modernen Kommunikationstechniken ablassen, denn alles, was ihr wissen möchtet, könnt ihr ohne äußere Technik in Erfahrung bringen. Auch der Austausch mit anderen Menschen wird zu einem späteren Zeitpunkt eurer Entwicklung zunehmend telepathischer. Vor euch liegt eine besondere Zeit, in der ihr all diese wundervollen Fähigkeiten wiederentdeckt. Sie waren nie verloren. Ihr hattet sie nur vergessen.

Dein Bewusstsein ist weder an einen Ort noch an eine Zeit gebunden. Du wirst lernen, mit deinem Bewusstsein durch Raum und Zeit zu reisen. So hast du Zugriff auf alles, was ist, was je war, und auf alles, was je sein wird. Du kannst zudem die Vergangenheit, Gegenwart und Zukunft durch deine Beobachtung verändern. Die Reise deines Bewusstseins ist multidimensional. Dein Bewusstsein kann mit allen Sinnen, und es sind mehr als die, die ihr benennt, wahrnehmen, was zu einer anderen Zeit an einem anderen Ort geschieht. Ihr könnt riechen und hören, fühlen, wissen und sehen. Eure Wahrnehmungen sind vielfältiger und klarer, als sie es auf der physischen Ebene je sein könnten.

Wenn du erwachst, bist du vollkommen präsent im jetzigen Moment. Du bist präsent und wach in deinem Körper. Du bist dir allem, was du sagst und tust, bewusst. Du bist vollkommen präsent im Hier und Jetzt. Kein Gedanke an Gestern oder an Morgen ist da. Du denkst auch nicht über den jetzigen Moment nach, denn sobald du anfängst, etwas mit dem Verstand zu analysieren, zu kategorisieren oder zu bewerten, fällst du aus deiner vollkommenen Wachheit heraus.

Natürlich müsst ihr denken, um euren Alltag zu organisieren und euer Leben zu leben.

Doch in den Momenten, in denen ihr vollkommen erwacht seid, ist all euer rationales Denken dem vollkommenen Bewusstsein gewichen.

Es ist nicht der Plan, dass ihr zu Lebzeiten diesen Zustand dauerhaft erreichen sollt.

Viele gedankliche Prozesse helfen euch, den Weg des Erwachens zu verstehen. Doch werdet ihr feststellen, dass ihr immer häufiger Seinszustände ohne verstandesmäßiges Denken erlebt.

Zwar könnt ihr euren Verstand ebenso mit Hilfe von Drogen ausschalten, doch verzögert ihr damit auch euer Erwachen.

Du bist Licht

Euer Erwachen ist ein natürlicher Prozess in der Entwicklung des Bewusstseins. Jeder Mensch erlebt Situationen, die ihm Gelegenheit bieten zu erwachen. Bei wenigen geschieht das Erwachen aus einem bewussten inneren Prozess heraus. Die meisten von euch benötigen dafür im Außen Ereignisse und Umstände, die euch herausfordern und zunächst unwillkommen sind. In Wahrheit sind solche Veränderungen der Lebensumstände immer ein Geschenk. Ein Geschenk, das dem Erwachen eures Bewusstseins dienlich ist.

Solche Ereignisse könnt ihr individuell erleben, wie beispielsweise den Verlust eines geliebten Menschen oder eurer Arbeitsstelle, eurer Firma oder eurer Gesundheit. Fast immer erschafft ihr einen Verlust, um eurem Bewusstsein das Erwachen zu erleichtern. Kollektiv erschafft ihr euch Naturkatastrophen, Mangel eurer Sicherheit, den Verlust von Frieden oder Solidarität.

Als ihr weltweit die Pandemie erschaffen hattet, gab euch das die Chance zu erkennen, dass alle Probleme, die ihr im Außen wahrnehmt, ihren Ursprung in euch selbst haben. Die meisten von euch waren gezwungen, allein oder mit der Familie zu Hause zu bleiben. Wenige von euch hatten dadurch weniger Herausforderungen. Der Chef oder die Arbeitskollegen, die ihr für euer Unglück verantwortlich gemacht hattet, konnten nicht mehr als Projektionsfläche dienen. Die Zeit, die euch vermeintlich immer fehlte, war auf einmal im Überfluss vorhanden. Ihr wart gezwungen, Herausforderungen neu zu erleben und damit umzugehen. In sehr vielen von euch ist dadurch viel Bewusstseinsentwicklung geschehen. Hast nicht auch du angefangen, bestimmte Dinge anders zu erleben, hast nicht auch du dein Bewusstsein dadurch emporgehoben?

Was, glaubst du, geschieht mit einem Planeten, dessen Seelen sich kollektiv erheben? Und nun weißt du, warum ihr kollektiv solche vermeintlichen Katastrophen erschafft. In der Komfortzone entwickeln sich die wenigsten von euch. Dafür seid ihr in der Regel einfach zu träge. Bewusstseinsentwicklung ist ein Prozess, der in einem schläfrigen bequemen Zustand kaum stattfinden kann.

Ihr habt euch durch diese Pandemie eine Stille erschaffen, damit ihr euch als Kollektiv der Lebendigkeit des Raums bewusst werden könnt. Mit eurer Aufmerksamkeit auf die Stille könnt ihr spüren, wie die Unendlichkeit von Raum und Zeit euch durchdringt, und wieder eins mit ihr werden. Ihr spürt, dass ihr mehr seid als der Mensch aus Fleisch und Blut, der von allem anderen getrennt ist. Durch eure Isolation, durch die äußere Trennung könnt ihr erfahren, dass ihr im Inneren verbunden seid.

Alles, was euch daran hindert zu erwachen, kann euch ebenso sehr genommen werden. Das können eure Drogen sein, eure Abhängigkeiten von Medien, Geräten oder Menschen. Vielleicht erlebt ihr den Verlust nur für kurze Zeit oder in diesem Leben gar nicht. Vielleicht ist all dies nicht nötig, weil deine Seele sich entschieden hat zu erwachen und dir ein Erwachen im Alltag gelingt. Vielleicht, während du die Wäsche aufhängst, mit dem Auto vor einer roten Ampel stehst oder im Gespräch mit deinen Kollegen. Du kannst dein Erwachen erfahren beim Betrachten einer Blume oder beim Tanzen. Dein Erwachen kann in Freude oder in Leid geschehen. Es kommt darauf an, *worauf du deine Aufmerksamkeit richtest.*

Wenn du erwachst, dann kann es geschehen, dass du in deinem Umfeld niemanden findest, der dich versteht oder der den Prozess des Erwachens ebenfalls begonnen hat. Und doch kannst du nicht zurück. Du kannst dein Erwachen betäuben, um dich wieder an die Gesellschaft anzupassen oder um es bequemer zu haben. Doch du weißt, dass all dies nicht von Dauer sein wird. Vielleicht betäubst du es ein paar Tage lang, ein paar Wochen, Monate, Jahre, Inkarnationen. Doch kannst du nicht *nicht* erwachen.

Ihr glaubt, dass ihr Angst davor habt, unbedeutend zu sein. Doch in Wahrheit habt ihr Angst, all eure Macht anzuwenden. Kannst du das tief in dir als Wahrheit erkennen? Um diese Macht nicht annehmen zu müssen, kreiert ihr all eure Abhängigkeiten.

Mit all eurer Macht werdet ihr euch all eurer Verantwortung und all der damit verbundenen Unbequemlichkeiten bewusst. Dies versucht ihr kollektiv zu verhindern. Doch eure Seelen, ja die Seele, die Eins ist, weckt euch auf. Die Zeit des kollektiven Schlafs ist vorbei.

Wenn du dieses Buch bis hierher aufmerksam gelesen hast, dann weißt du, dass du zu den Menschen gehörst, die erwachen. Du suchst nach Antworten. Vielleicht suchst du auch nur nach Bestätigung all dessen, was du bereits tief in dir weißt.

Wenn du erwachst, fallen dir auch all deine eigenen Unzulänglichkeiten auf. Es ist, als ob Licht alles zum Vorschein bringt, was im Verborgenen schlummerte. Du kennst vielleicht deine Selbstzweifel und fragst dich manchmal, warum du es dir schwerer machst als andere, warum du nicht so unbekümmert wie andere sein kannst. Wir verstehen dich. Wir laden dich ein, dich zu entdecken – oder wiederzuentdecken – und all das, was du in dir findest, in Licht zu hüllen. Das, was du in dir findest, ist das, was du zuvor noch bei anderen als Unzulänglichkeiten entdeckt und verurteilt hast. Dein Erwachen wirft dich auf dich selbst zurück. Um diesen Prozess zu beschleunigen, habt ihr euer »social distancing« gewählt. Ihr beschleunigt den Prozess, der euch auf euch selbst zurückwirft.

Wenn du erwachst, hast du immer wieder Momente, nach denen du bemerkst, dass du in diesen Momenten nichts gedacht hast. Deine Freiheit fängt an mit deiner Freiheit von Gedanken. Wenn du nicht mehr denkst, bist du automatisch befreit von Bewertungen. Es gibt auch den Zustand des Nichtdenkens, wenn ihr euch beispielsweise durch Drogen in einen komatösen Zustand gebracht habt oder wenn ihr euch vollständig durch Medien ablenkt. Ihr tut dies, weil sich etwas in euch nach diesem Zustand ohne Denken sehnt. Im Erwachen erlebt ihr diese Momente auf eine neue Art. Es ist ein Wieder-Entdecken eines Zustands, den viele von euch als Kind noch kannten. Er geht einher mit Seelenfrieden. Ihr seid dann im Moment und ihr seid gedankenfrei. Sobald ihr jedoch bemerkt, dass ihr gedankenfrei seid, seid ihr aus diesem Zustand auch schon wieder herausgetreten.

Deine Befreiung vom Denken ist gleichzeitig deine Befreiung vom Ego. Ohne dein verstandesmäßiges Denken in gewohnten Strukturen kann das Ego nicht existieren. All deine Geschichten über dein Leben, dein Opfer- oder Heldendasein, all deine Rollen und Identifizierungen existieren ohne das Denken nicht. Ohne das Denken existiert auch keine Zeit. Ohne dein Denken kannst du weder in die Zukunft noch in die Vergangenheit reisen. Und doch bist du allen Ebenen der Zeit und des Raumes nie näher als in deinen gedankenfreien Momenten. Deine Gedanken bilden eine Barriere, die verhindert, dass du dich mit allem, was ist, verbinden kannst. In diesen Momenten bist du auch gänzlich frei von Angst. Denn was ist Angst? Angst sind negative Gedanken an die Zukunft. Ohne deine Gedanken kannst du keine Angst empfinden. Das ist mit dem Frieden auf Erden gemeint. In Abwesenheit von Gedanken und Angst ist sofortiger Frieden.

Natürlich benötigt ihr Gedanken, um euren Alltag zu organisieren. Der Plan ist nicht, dass ihr in diesem Leben vollständig erwacht. Ihr seid Menschen, und ihr werdet in euren Inkarnationen nicht vollständig erwachen. Selbst auf Seelenebene ist euer Erwachen nie vollständig abgeschlossen. Eure Inkarnationen lebt ihr, um die Entwicklung der Seele auf einer Handlungsebene in der materiellen Welt zu verstehen.

Wenn du dein Erwachen erkennst, diese gedankenfreien Momente erlebst, wenn du dir deines Bewusstseins gewahr bist, spürst du deine Verbindung mit deiner Seele, mit allem, was ist. Du fühlst Sicherheit unabhängig von den Umständen, die dein Leben begleiten.

Durch diese Sicherheit reagierst du auf Veränderungen im Außen nicht mehr mit Angst oder Panik. Du ruhst in der Mitte des Orkans. Durch deine Ruhe und Gelassenheit all dessen gegenüber, was im Außen passiert, entwickelst du keine Gefühle und Emotionen mehr, die von Angst getragen sind. Dein Gefühl kreiert deine Welt. Ohne Angst erschafft ihr euch keine Ereignisse mehr, die euch Angst fühlen lassen.

Deshalb laden wir euch ein, in Freude zu sein, jedes Mal, wenn ihr bemerkt, dass ihr einen Moment ohne Gedanken erlebt habt. Diese Momente sind ein Weg, euer Erwachen voranzutreiben.

Je stärker du in deinem Leben der äußeren Welt, der Oberfläche, verhaftet bist, desto weiter bist du von der Ruhe, von der Stille, die während eines Sturms herrscht, entfernt und umso stärker kannst du von Veränderungen in der äußeren Welt gestört werden und Leid empfinden. Im vollständigen Bewusstsein existiert jedoch kein Leid.

Das bedeutet nicht, dass ihr euer Leid verleugnen sollt, wenn ihr es empfindet. Schaut es euch an, erkennt es. Im vollständigen Anerkennen löst sich euer Leid auf. In Angst kann man nicht erwachen.

Ein Ziel, das von nichtmenschlichen Wesen auf der Erde verfolgt wird, ist Entvölkerung. Wenn die Bevölkerung auf der Erde reduziert ist, verschwindet auch ein Großteil des Bewusstseins auf der Erde. Durch euer Bewusstsein könnt ihr jedoch die Umsetzung der Pläne der dunklen Mächte verhindern. Deshalb ist es zum einen notwendig, dass ihr euer Bewusstsein erhöht, und zum anderen, dass dieses Bewusstsein von möglichst vielen Menschen getragen und erhöht wird.

Sinkt die menschliche Erdbevölkerung, sinkt auch das Bewusstsein auf der Erde. So kann die Macht, die den Menschen nicht wohl gesonnen ist, auch Macht über den Planeten Erde erlangen. Die Menschen, die übrig bleiben, werden in Körper, Geist und Seele versklavt, um den Interessen der Macht zu dienen.

Du hast vorher in diesem Buch gelesen, dass ein Ziel ist, die Bevölkerung zu *maximieren*, damit die kritische Masse der erwachenden Seelen nicht erreicht wird. In der Dualität existiert sowohl das Eine wie das Andere.

Seit vielen Jahren gibt es Versuche auf eurem Planeten, euer Bewusstsein kollektiv am Erwachen zu hindern. Hierzu werden Substanzen in euer Trinkwasser, in eure Luft, in eure Medikamente, in eure Hygieneartikel, in eure Kleidung gegeben und durch Bilder, Töne und Frequenzen in euren Medien Informationen in eure Gehirne gespeist, die euch in Abhängigkeiten und Schlaf halten sollen.

Das Bewusstsein der Menschen erhöht sich dennoch immer stärker, und so ist die dunkle Macht gezwungen, mit stärkeren Mitteln zu agieren. Es wird Erscheinungen am Himmel und auch auf der Erde geben, die ihr für real halten werdet. Es werden euch Flugobjekte gezeigt, die über eure Dächer fliegen und Angst in euch auslösen sollen. Wenn ihr in Angst seid, seid ihr daran gehindert, euer Bewusstsein zu erhöhen. Angst verhindert Bewusstseinsentwicklung.

Was ihr am Himmel sehen werdet, werden Hologramme sein, die mit einer Technik geschaffen wurden, welche nicht auf der Erde erdacht wurde. Das Ziel dabei ist, euch zu erzählen, dass die Erde von diesen Objekten, die jedoch nur Hologramme sind, bedroht wird. Sie werden euch erzählen, dass es Flugobjekte sind, die die Erde und die Menschen bedrohen. Deshalb, so wird man euch erzählen, sei es notwendig, dass es auf der Erde nur noch einen Staat gibt, der zentral agiert, um sich gegen die angeblichen Angriffe von außen wehren zu können.

All dies wird inszeniert sein, um die Macht auf der Erde an einer zentralen Stelle verwalten zu können. Wenn die Macht auf eurem Planeten nur von einer einzigen Instanz ausgeht, bedeutet dies das Ende des Bewusstseins auf der Erde.

Es wird auch versucht, eure Zeit zu manipulieren. Es wird Zeitanzeiger am Himmel geben. Dies dient dem Zweck, eure Intuition zu zerstören. Es wird versucht, die Zeit so zu manipulieren, dass ihr euren Empfindungen und dadurch auch eurem Erwachen und eurem Bewusstsein misstraut.

Ihr müsst wissen, dass es nur eine sehr geringe erwachte Masse von euch geben muss, um all dies zu verhindern. Deshalb ist euer Erwachen so wichtig.

Es gibt viele intergalaktische Gruppen, die diese Entwicklung auf der Erde beobachten. Es wurde entschieden, dass nicht eingegriffen werden darf, um die dunkle Macht zu zerstören, denn auch hier gilt: Was zerstört wird, *erlangt* Macht.

Die Interventionen auf eurem Planeten geschehen durch Amnesien. Es wird euch immens erleichtert, euer Bewusstsein emporzuheben. Überall auf der Erde erhaltet ihr Unterstützung, damit euer Bewusstsein sich schneller entwickeln kann, als dies jemals zuvor auf der Erde möglich war.

Ihr könnt entscheiden, wie es auf der Erde weitergeht. Erhebt ihr euer Bewusstsein oder lebt ihr weiter in Abhängigkeiten und Schlaf?

Ihr helft der Entwicklung auf diesem Planeten, wenn ihr euch nur die besten Varianten vorstellt, wenn ihr gute Gefühle und Gedanken produziert. Eure Gefühle erschaffen eure Realität. Findet an allem, was ist, das, worüber ihr euch freuen könnt. Findet auch an euch selbst das, worüber ihr euch freut. Freut euch über die Entwicklung eurer Seele. Wertschätzt alles, was ihr mögt. Durch eure Wertschätzung, durch eure Aufmerksamkeit erschafft ihr die Zukunft eures Planeten. Wisst, dass es diese dunkle Seite gibt, aber schenkt ihr keine weitere Beachtung. Erhebt die Seele der Erde, indem ihr eure eigene Seele erhebt. Erwacht, schwingt hoch, erlernt die Kunst der guten Gefühle. *Erwacht im Jetzt.*

Ihr müsst nichts im Außen verändern, um den Zustand des Glücks, der Wertschätzung und des Erwachens in euch zu erreichen. *Seid im Jetzt.* Erleuchte, strahle, glücke und beglücke. Du bist Licht. Du bist Erwachen. Du bist. Alles ist. Alles ist Erwachen. Alles ist Licht.

Wenn du zu dieser Zeit auf der Erde inkarniert bist und den Weg der Erleuchtung und des Bewusstseins gehst, hast du dich vor deiner Geburt für diesen Weg entschieden. Du bist eine mutige Seele, die Freude daran hat, im Kollektiv das Bewusstsein der Erde zu erhöhen, um so die Erde als einen Planeten für Bewusstseinsentwicklung erhalten und retten zu können. Dies ist eine große Aufgabe für eine Seele, die mit der Erleichterung des Bewusstseinsprozesses belohnt wird.

Du bist ein wichtiges Element im kollektiven Erwachen.

Wir danken dir.

Wenn Drogen und Abhängigkeiten wegfallen, tritt wieder die Leere ein, die ihr mit Drogen zu füllen versuchtet. Es gilt die Leere zu füllen. Mit Ruhe. Mit Sinn. Mit Kreativität. Es gilt, die Stille und die Ruhe auszuhalten. Nur so gibt es echte Transformation. Nur so kann dein Kanal wieder empfänglich sein für die Botschaften und Hinweise aus einer Ebene, zu der du keinen Zugang hast, wenn du Substanzen oder technische Medien konsumierst.

Wenn du erleuchtest bist, wenn du Momente der Erleuchtung erlebst, kannst du es daran erkennen, dass du vollkommene Klarheit bist. Du bist Präsenz. Du empfindest Klarheit und Präsenz nicht länger im Außen, du bist dazu *geworden*, du bist mit der Klarheit, mit der Präsenz, der Allgegenwärtigkeit *eins* geworden. Du bist verbunden mit allem, was ist, du bist alles, was ist, und du verfügst klar über alles Wissen, alle Zusammenhänge, alle Seelenprozesse, alles.

Um diesen Zustand zu erreichen, musst du keine Seminare besuchen und brauchst auch niemanden, der dir zeigt, wie es geht, oder der dich für erleuchtet erklärt. Erleuchtung kommt von allein. Dein Erwachen geschieht. Du brauchst nichts weiter dafür tun. Im Gegenteil. Je weniger du tust, desto leichter erreichst du diesen Zustand.

Erleuchtung lernst du nicht auf einem Wochenend-Seminar. Eher spürst du diese Momente des Erwachens, wenn du in die Wolken schaust, wenn deine Gedanken ruhen, wenn du den Flug der Vögel beobachtest. Je weniger du dabei denkst und je später du kategorisierst und benennst, was du wahrnimmst, desto leichter kommst du in diesen Zustand.

Je natürlicher das, was du mit deinen Sinnesorganen wahrnimmst, ist, desto leichter fällt es dir. Betrachte lieber die Schmetterlinge und Katzen als das Radio oder den Toaster. Fühle den Wind, schaue den Wolken nach, beobachte das Tanzen der Blätter am Baum. Und doch musst du nichts von all dem tun. Du kannst auch inmitten von Computern diesen Zustand erreichen.

Verwechsle dein Erwachen nicht mit dem Zustand, den du erreichst, wenn du bestimmte Substanzen zu dir nimmst oder psychedelische Bilder betrachtest. Auch dies kann dein Bewusstsein verändern. Doch ist es niemals erforderlich. Für eine Weile habt ihr damit vielleicht erweiterte Sinneserfahrungen. Die Sucht nach solchen Substanzen verhindert jedoch euer wahres Erwachen. Lasst euch nicht täuschen. Seid wachsam.

Kultiviere deinen Verstand, deine Emotionen, deinen Körper. Lass dein Innerstes erblühen. Strahle. Verbinde dich mit dem Höchsten. In jedem Moment. Es gibt keine Umstände oder Gelegenheiten, die besser dazu geeignet sind als andere. Gleichwohl kann es dir unter bestimmten Voraussetzungen leichter fallen.

Im Zustand des Erwachens, der Erleuchtung vermisst du nichts, verspürst du keinerlei Mangel. Du weißt, dass alles, was ist, alles, was war, und alles, was jemals sein wird, genau so, wie es ist, war und sein wird, absolut vollkommen der göttlichen Ordnung entspricht. Du hast keine Fragen. Du bist die Antwort. *Du bist Licht.*

Die Heilung der Seele

Erwachen ist auch kein Wettbewerb. Du musst nicht vor allen anderen erwachen. Jeder hat den für sich richtigen Zeitpunkt. Es kann nicht falsch laufen. Ihr seid alle Teil des großen Geistes. Ihr seid auf immaterieller Ebene vollkommen. Jeder von euch ist auf der Erde, um einen Aspekt der Seelenentwicklung zu leben. Immer, wenn dir jemand begegnet, den du nicht magst, ist das ein Zeichen, dass du diesen Teil des großen Ganzen, des Vollkommenen, nicht magst. Du lehnst einen Teil von dir selbst, von der absoluten Vollkommenheit ab.

Im Zustand der Erleuchtung bist du dir dessen bewusst. In diesem Zustand bist du in Liebe. Du bist Liebe. Du bist in Liebe mit jedem einzelnen Aspekt deiner selbst und mit jedem einzelnen Aspekt eines jeden anderen. Liebe differenziert nicht. Liebe ist. In diesem Moment erinnert sich deine Seele an die bedingungslose Liebe, die so unendlich ist, dass ihr sie als Mensch nur in Momenten erahnen könnt.

Doch ist es nicht der Plan, dass ihr diese Liebe im Diesseits verkörpert oder erfahrt. Ihr seid hier, um alle Aspekte des Ganzen kennenzulernen und zu transformieren. Ihr seid hier, um alles, was euch begegnet, anzunehmen, damit es sich durch die Liebe, die durch euch fließt, transformieren kann. In diesen Momenten seid ihr Gott in Aktion.

Solange du dich fragst, ob du erleuchtet bist, bist du es nicht. Im Zustand des Erwachens stellst du dir diese Frage nicht.

Du brauchst auch keine Bücher mehr lesen, Seminare besuchen, Gurus befragen. Du kannst dies zu deiner Unterhaltung oder für dein Gefühl von Sicherheit tun, dass auch alles richtig läuft mit deinem Erwachen. Aber nichts davon ist notwendig.

Erleuchtung ist nicht der Sieg in der äußeren Welt. Erleuchtung ist das Ankommen, das Heimkommen, die Verbindung mit der Quelle, mit dem Allem-was-ist, das Ablegen all der Identifikationen deines Egos.

Um zu erwachen, musst du nichts tun. Und du solltest auch nichts tun. Wenn du zu sehr dem Aktionismus verfällst, ohne zwischendurch in Stille zu verweilen, schenkt das Leben dir Zeiten der Stille, Zeiten, in denen deine Aktivität eingeschränkt ist.

Dies kann geschehen durch den Verlust deiner Gesundheit, durch den Verlust deiner Arbeit oder den Verlust eines geliebten Menschen. Ganz gleich was es ist, alles dient dazu, dass du Gelegenheit hast, die Stille zu erfahren, in der du erwachen kannst.

Fragst du dich manchmal, ob du wach bist oder träumst? Ziehen die Tage und Stunden manchmal an dir vorbei, ohne dass du das Gefühl hast, richtig wach gewesen zu sein? Hast du manchmal das Gefühl, dass du nicht lebst, sondern gelebt wirst?

Glaubst du zuweilen, dass dein Körper wie ein Autopilot funktioniert, abgekapselt von deiner Seele?

Fühlst du dich manchmal getrieben, gehetzt, verstrickt in die Probleme des Alltags, für die du dich im Grunde deines Herzens gar nicht wirklich interessierst? Fühlst du dich gefangen in Geschäftigkeit und hast du das Gefühl, alle anderen um dich herum schlafwandeln und haben keinen Zugang zu ihrem Bewusstsein? Bist du wach? Bist du bewusst? Bist du in jedem Moment deines Lebens wach, erwacht? Wie klar bist du? Erkennst du Menschen, die wach sind? Spürst du es, wenn dir eine erwachte Seele begegnet? Spürst du die Sehnsucht in dir, gänzlich klar und wach zu sein? Fühlst du dich manchmal verloren inmitten all der anderen? Wünschst du dir die Verbundenheit mit allen Seelen hier auf der Erde in dieser Inkarnation? Bist du bereit zu erwachen und bist du bereit, dafür etwas zu tun? Bist du bereit, dafür etwas zu lassen? Bist du bereit, dein Erwachen zuzulassen, geschehen zu lassen? Bist du bereit, die Kontrolle aufzugeben? Bist du bereit, dich ganz dem Fluss des Bewusstseins und des Lebens hinzugeben?

Dein Erwachen ist ein natürlicher Prozess in der Evolution des menschlichen Bewusstseins. Du kannst nicht *nicht* erwachen. Doch kannst du dein Erwachen hinauszögern. Du kannst deine Klarheit vernebeln, du kannst dich künstlich am Schlafen halten, und doch kannst du am Ende nicht *nicht* erwachen.

Du kannst die Trance, in der du dich befindest, kultivieren und aufrecht erhalten. Doch immer wieder wirst du wache Momente erleben, in denen du Einblick hast in die Zusammenhänge der Welt, in denen dein Bewusstsein erwacht und in dir das unbändige Verlangen entsteht, vollkommen zu erwachen. Es sind dies Momente, in denen du den Wunsch verspürst, diese Verbundenheit, diese Klarheit, dieses Wissen, diese Weisheit nicht nur in Momenten, sondern dauerhaft erkennen und leben zu können.

Erwachen geschieht, fängt an, entsteht, wenn dein kontrolliertes Leben aus den Fugen gerät. Es entsteht, wenn sich Dinge ereignen, die du weder beeinflussen noch gut heißen kannst. Dein Erwachen beginnt, wenn du mit deinen erlernten Methoden, das Leben zu kontrollieren, nichts mehr erreichen kannst, wenn neue Herausforderungen entstehen, für die du keine Lösung oder Verhaltensregel parat hast.

Und doch musst du in diesen Momenten nicht erwachen. Solche Situationen stellen lediglich eine Gelegenheit zum Erwachen dar. Aber es ist nicht die einzige Möglichkeit zu erwachen.

Wenn du dieses Buch liest, hast du bereits Momente des Erwachens erlebt. Vielleicht hast du sogar längere Zeiten deines Lebens in Bewusstheit erlebt. Und doch gelingt es dir nicht, dauerhaft in diesem Zustand zu bleiben. Immer wieder verlierst du deine Klarheit, deine Wachheit, immer wieder fällst du in alte Verhaltensweisen und Muster zurück.

Je nachdem, in welchem Moment du das Erwachen erlebst, kann diese Erfahrung dich mit Glückseligkeit durchströmen oder eine tiefe Traurigkeit in dir auslösen. Erwachen ist unabhängig von den Gefühlen, die es in dir auslöst. Du kannst erwachen im Moment deines größten Verlustes oder während deines größten Gewinns. Du kannst erwachen im Alltag, während du Wäsche aufhängst, dein Kind zu Bett bringst, Auto fährst, einkaufst oder dir die Schuhe zubindest.

Je mehr du erwachst, desto verlorener kannst du dich fühlen, wenn du bemerkst, dass deine Freunde, deine Familie, deine Kollegen weiterhin schlafen. Und doch spürst du diese Verbundenheit mit allem, was ist. So kannst du dich gleichermaßen geborgen wie verloren fühlen, verstanden und nicht verstanden, glücklich und traurig.

Manchmal fühlt sich dein Erwachen emotionslos an, manchmal bist du voller Begeisterung. Und manchmal, wenn du sehr klar bist, wünschst du dir den Zustand des Schlafes zurück, weil du das, was du wahrnimmst, nicht mehr ertragen magst, weil du dich ohnmächtig fühlst, weil du nicht fühlst, dass du etwas verändern kannst. Und *wir* sagen dir: Du kannst verändern. Ihr als Kollektiv könnt alles, was auf der Erde geschieht, verändern. *Bedient euch eurer Schöpferkraft.*

Wenn du erwachst, ist kein Platz mehr für dein Ego. Dein Ego wird gebrochen oder transformiert, je nachdem, wie sehr du bereit bist, dein Ego aufzugeben. Das bedeutet nicht, dass du dich vernachlässigen, alle deine Güter verschenken, jeden umarmen oder nicht mehr zur Arbeit erscheinen sollst. Es bedeutet jedoch, dass du erkennst und in der Tiefe deines Seins weißt, dass ihr alle eins seid, dass du genauso ein Teil des Ganzen bist wie der Bettler am Straßenrand, wie der Manager, der deinen Kredit ablehnt, wie der Dieb, der dir dein Auto klaut, wie der Nachbar, der sein Kind schlägt, und wie dein Bruder, dessen Leben du noch nie nachvollziehen konntest. Erwachen bedeutet, diese Verbundenheit mit jeder Faser deines Körpers, deines Geistes und deiner Seele zu spüren und darum zu wissen.

Die Freiheit, der Frieden, die Liebe, die Verbundenheit, nach der ihr alle strebt, könnt ihr in ihrer Absolutheit nur im Erwachen finden. Das Bewusstsein in dir will erwachen. Es gibt keine andere Möglichkeit, als dass das Bewusstsein in dir erwacht. Es ist der einzige Weg in der Entwicklung der Seele.

Wenn du erwachst, kommt dein hellstes Licht zum Vorschein. Dies kann euch Angst machen, so wie ihr vor allem, was ihr nicht kennt, zunächst oft Angst habt. Ihr habt keine Erfahrung mit so viel Licht in einer Inkarnation. Und so filtert ihr eure Erfahrungen. Möglicherweise sind diese Erfahrungen für dich unerträglich. Vielleicht weißt du nicht, was du tun kannst im Zustand des absoluten Lichts. Und so bist du froh, wenn diese Momente wieder enden. Dennoch bleibt eine Erinnerung in dir. Eine Erinnerung an ein Gefühl, das du nochmal erleben, das du nicht vergessen kannst. Eine Sehnsucht nach dem All-Eins-Sein pflanzt sich in dir ein und schickt dich auf den Weg des Erwachens.

Im Licht gibt es kein Dunkel mehr. Jede Lüge, alles, was ihr nicht anschauen wollt, alles, was im Verborgenen schlummert, wird sichtbar. Das ist nicht immer angenehm für euch. Schaut euch die Welt an. Es kommen immer mehr Geheimnisse ans Licht. Diese Entdeckungen sind nicht schön. Sie sind jedoch Teil der Heilung eures wunderschönen Planeten. Licht transformiert. Licht bringt auch all die verborgenen Aspekte eures eigenen Lebens zum Vorschein. Auch dies fühlt sich für euch nicht gut an. Dennoch ist es ebenfalls ein wichtiger Aspekt der Heilung eurer Seele. Ein Prozess, der die Seele befreit und Frieden schenkt.

Im Erwachen erkennst du auch all deine persönlichen Dunkelheiten, all deine destruktiven Verhaltensweisen, all deine Abhängigkeiten und all die Strukturen, in denen du andere von dir abhängig sein lässt. Du erkennst, woran du leidest, und du siehst, wo und wie du Leid in anderen verursachst.

Je mehr Menschen nun erwachen, desto schneller erschafft ihr kollektiv eine neue Dimension auf eurem Planeten, eine Dimension voller Verbundenheit, Liebe, Frieden, Freiheit und Licht.

Der Prozess des Erwachens ist nichts, was ein Ende hat. Erwachen ist ein unendlicher Prozess. Weder werden alle deine Fragen beantwortet, noch wirst du in dauerhaftem Frieden leben. Wahrscheinlich hast du während des Erwachens mehr Fragen und weniger Antworten als jemals zuvor. Und doch, in deinen erleuchteten Momenten, und diese werden immer häufiger, weißt du alles und hast keine Fragen mehr. Du bist die Antwort und du bist mit allem verbunden.

Eure Welt ist im Aufbruch. Eure Welt erwacht. Immer mehr Menschen erwachen. In allen Kulturen, auf allen Kontinenten, in jedem Land, in jeder Stadt. Bald werden Menschen erwachen in jeder Straße, in jedem Haus. Ihr als Kollektiv erwacht.

Finde andere Menschen, die erwachen. Du erkennst sie. Du erkennst sie an ihren Worten, an ihrem Handeln, du siehst es in ihren Augen. Auch sie werden dich erkennen. Sie sehen, dass du erwachst.

Wenn du anfängst, deinen Körper höheren energetischen Schwingungen auszusetzen, kann es zu erheblichen Stimmungsschwankungen kommen. Das liegt daran, dass sich euer Körper auf die längeren Perioden höherer Schwingung einstellen muss. Es erfordert eine tiefgreifende Veränderung eurer Körperchemie.

Eure Gefühle sind ätherisch, eure Emotionen hingegen physisch bedingt und werden von der Körperchemie hervorgerufen. Deshalb sind Stimmungsschwankungen ein normales Erscheinen, wenn ihr anfangt, immer häufiger höher zu schwingen. Das sind chemische Prozesse, die sich im Körper abspielen. An manchen Tagen werdet ihr euch wie die glücklichsten Menschen der Welt, an anderen wie ein Häufchen Elend fühlen.

Einige von euch erleben diese Umstellung intensiv, andere bemerken diese Veränderungen kaum.

Diese Umstellungs-Unannehmlichkeiten verschwinden jedoch nach einiger Zeit. Je häufiger ihr höhere Schwingungen erzeugt oder euch damit verbindet, desto rascher verschwinden diese Stimmungsschwankungen.

Du kannst nicht nicht erwachen.
Du kannst es nicht falsch machen.
Du musst nichts dafür tun.

Willkommen auf deinem Weg des Erwachens.
Willkommen auf deinem Weg zur Erleuchtung.
Willkommen in deinem wundervollen Leben.

Die Arcturianer

Danksagung

Kaum waren die Durchsagen der Arcturianer alle erfolgt und das Manuskript abgeschlossen, stellte sich große Dankbarkeit bei mir ein.

Ich dachte eine Weile darüber nach, wem und wofür ich denn eigentlich in Bezug auf die Entstehung dieses Buches dankbar bin, und stellte fest: Die größte Dankbarkeit, die ich verspüre, ist, in Zeiten und in einem Land zu leben, die uns den freien Zugang zu Wissen aus all den feinstofflich energetischen Bereichen ermöglichen, und dass wir uns dennoch, trotz unseres Glaubens daran, des Lebens sicher fühlen können.

Darüber hinaus bin ich dankbar dafür, dass die Arcturianer sich mir überhaupt mitteilen, dass ich einen Verleger habe, der an meine Bücher glaubt, und natürlich, dass es Menschen gibt, die meine Bücher lesen. Das macht mich sogar besonders glücklich. Ohne all dies bliebe mein Wunsch, Bücher über genau diese Themen zu schreiben, eben nur ein Wunsch.

Und deshalb: Danke, dass du dieses Buch liest, und Danke, dass wir uns für die gleichen Themen interessieren. Ich fühle mich dir sehr verbunden.

In kosmischer Liebe

Deine Marlies

Marlies Pante

Geboren 1968, wuchs sie mit zwei jüngeren Geschwistern in einer ostwestfälischen Kleinstadt auf. Nach dem Abitur erlernte sie einen kaufmännischen Beruf und studierte im Anschluss daran Mathematik, Germanistik und Theologie in Paderborn. Schon während des Studiums spürte sie, dass sie einmal einen anderen Weg einschlagen würde, und verzichtete auf eine Anstellung im Lehramt. Parallel dazu führte ihre innere Stimme sie in die Spiritualität und zu einer Verbindung mit geistigen Wesen. Mit alternativen Heilmethoden beschäftigt sie sich bereits seit 1984. Sehr bald wurde ihr klar, dass sie das dadurch erlangte Wissen nicht für sich behalten durfte, sondern mit anderen Menschen teilen musste.

Bei AMRA liegen bereits sehr erfolgreich ihr Buch *Der Himmel auf Erden* mit Botschaften der Hathoren vor, einem wohlmeinenden Kollektiv geistiger Wesenheiten, sowie *Reine Liebe erwartet Dich!* und *No Limits! Willkommen in der Schöpferkraft*, ihre beiden früheren Bücher, in denen sie Botschaften der Arcturianer channelt, Mitgliedern unserer kosmischen Menschheitsfamilie.

Die Heilungsblätter

Inhalt

Wozu dienen die Heilungsblätter?

Veränderung, Transformation, beginnt, wenn wir Wissen erfahrbar machen, wenn wir das gelesene Wort umsetzen, wenn wir das, was wir auf mentaler Ebene verstanden haben, auf uns selbst beziehen und über uns selbst nachdenken, wenn wir unser Leben, unsere Gedanken und Gefühle anschauen und bereit sind, Änderungen zuzulassen.

Im Folgenden hast du Gelegenheit, all die hier von den Arcturianern vermittelten Weisheiten in Bewusstsein und Handlung zu bringen. Aus Botschaften in gedruckter Form werden so unmittelbar persönliche Erkenntnisse für dein eigenes Leben.

Auf den nächsten Seiten findest du Fragen, die du direkt im Buch beantworten kannst. Du brauchst dazu lediglich einen Bleistift. Mache es dir gemütlich, höre dabei schöne Musik oder koche dir deinen Lieblingstee. Und falls du ein eBook benutzt, nehme dir einen Block zur Hand und schreibe oben auf die Seiten die Fragen, die du hier aufgelistet findest …

Du bist eingeladen, in dich zu gehen, tief in dich hineinzuhorchen und dir selbst die Antworten zu geben, auf die du gewartet hast.

Fühle dich frei, welche Fragen du beantwortest, und fühle dich ebenso frei, in welcher Reihenfolge du sie beantwortest. Vielleicht schaust du auch immer wieder einmal in dieses Buch hinein und veränderst deine Antworten. Einige Fragen wirken vielleicht nach, möglicherweise möchtest du über manche zunächst eine Weile nachdenken, bevor du etwas notierst.

Mache dieses Buch zu deinem ganz persönlichen Heilungsbuch. Du kannst dich intuitiv auf diesen Teil einlassen. Es mag sein, dass du damit einen wahren Schatz in Händen hältst: Die Grundlage deiner bevorstehenden wundervollen Transformation.

Diese *Verluste* haben mein Bewusstsein verändert ...

Diese *Errungenschaften*

haben mein Bewusstsein verändert ...

Diese *Menschen*

kamen in mein Leben und gingen wieder ...

Diese *Gegenstände*

kamen in mein Leben und gingen wieder ...

Diese *Überzeugungen*
hatte ich und gab sie wieder auf ...

Diese *Erkenntnisse* zum Bewusstsein und Erwachen habe ich durch mein Leben gewonnen ...

Diese *Umstände* werfen mich
noch aus dem Zustand des inneren Friedens ...

Diese *Umstände*

bringen mich nicht mehr aus der Ruhe ...

In diesen *Momenten* fühlte ich mich eins
mit dem vollkommenen Sein …

Diese *»dunklen« Aspekte* in der Welt kann ich inzwischen akzeptieren ...

Diese *»dunklen« Aspekte* in mir kann ich inzwischen akzeptieren ...

Das *Folgende* möchte ich noch akzeptieren lernen ...

Das *gefällt mir* in der Welt *nicht*
und was mein eigener innerer Anteil daran ist ...

Diese *Methoden* helfen mir beim Erwachen ...

Das habe ich anderen Menschen *anzubieten*, um sie beim Erwachen zu unterstützen ...

Diese Menschen haben *zu mir gefunden* und von meinem Erwachen profitiert ...

Diese Menschen *habe ich gefunden* und
von ihren Erkenntnissen und Weisheiten profitiert ...

Diese *Bücher und Seminare* haben mein Erwachen beeinflusst ...

In diesen Büchern habe ich beim nochmaligen Lesen

zu einem späteren Zeitpunkt *Weisheiten* entdeckt,

die mir zuvor verborgen schienen ...

Diese Bücher erheben mein *Bewusstsein* durch ihre bloße Existenz; ich brauche sie nicht erneut zu lesen ...

Diese *Menschen* in meinem Freundes- und Bekanntenkreis erwachen ebenfalls ...

Diese *Fragen zum Erwachen*

habe ich noch ...

Diese *Fragen zum Bewusstsein*
habe ich noch ...

Das Folgende konnte ich *bereits gut loslassen* ...

Das Folgende möchte ich *noch lernen loszulassen* ...

So habe ich mich durch
mein bisheriges Erwachen *verändert* ...

Mit den folgenden Menschen kann ich über das *Bewusstsein reden* ...

Aus diesen Gründen kann ich vertrauen, dass *meine Entwicklung* gut und richtig ist ...

Aus diesen Gründen ist mein Leben
bis jetzt genau *richtig* verlaufen ...

Zu diesen Zeiten habe ich
mit dem Erwachen *pausiert* ...

Ich glaube, ich habe mein Bewusstsein
zum ersten Mal *wahrgenommen*, als ...

Diese *Entwicklungen* des Bewusstseins
habe ich bisher durchlaufen ...

Hier habe ich *aufgehört* zu werten ...

Hier möchte ich *weniger* urteilen und werten ...

Diese *Umstände* kontrolliere ich nicht mehr ...

Dies möchte ich *nicht mehr kontrollieren* ...

Hier *kämpfe* ich nicht mehr ...

Hier möchte ich *aufhören zu kämpfen* ...

Hierbei tue ich etwas,

um *Ergebnisse und Ziele* zu erreichen ...

Dies tue ich, um es zu tun ...

Hierbei fühle ich mich immer *vollkommen* im *Hier und Jetzt* ...

Das werde ich häufiger tun, um mich
ganz im *Hier und Jetzt* zu fühlen ...

Hierbei empfinde ich *Lebensfreude* ...

Von diesen Abhängigkeiten habe ich mich *befreit* ...

Diese Abhängigkeiten kann ich bereits *akzeptieren* ...

Was bleibt von mir, wenn ich alle *Abhängigkeiten* verliere?

Diese Themen habe
ich bereits *transformiert* ...

Das möchte ich *in der Welt* beobachten ...

Das möchte ich *in meinem Leben* beobachten ...

Diese *Sychronizitäten* habe ich erlebt ...

In diesen Momenten war ich *vollkommen klar* ...

In diesen Momenten kann ich *vollkommene Stille* aushalten ...

In diesen Momenten hatte ich
eine *treffsichere Intuition* ...

Hier hatte ich *treffsichere Vorahnungen* ...

So fällt es mir leicht, *Verbundenheit* zu fühlen ...

In diesen Situationen *reagiere* ich
jetzt *anders* als früher ...

Bin ich bereit, vollkommen zu erwachen?

Auch als eBook

Marlies Pante
REINE LIEBE ERWARTET DICH!
Botschaften vom Arcturus

160 Seiten, Softcover, Neuausgabe
AMRA Verlag, € 14,99 [D]

ISBN 978-3-95447-279-6

Über Manifestation, Bewusstseinserweiterung, unsere Verbindung zum Orion und zu den Plejaden, den arcturianischen Lichtprozess ... »Wir sind bei euch, um eure Schwingung der Liebe zu erhöhen!«

Tom Kenyon & Judi Sion
LICHTBOTEN VOM ARCTURUS
Mitteilungen einer aufgestiegenen Zivilisation, eingeleitet von den Hathoren

Auch als eBook

224 Seiten, Hardcover, oranges Leseband
AMRA Verlag, € 19,99 [D]

ISBN 978-3-95447-144-7

Arcturianer sind schon lange unsere Wächter und Beschützer. Woher sie kamen und wie sie uns unterstützen, schildern hier acht von ihnen, darunter ein Arzt und ein Wissenschaftler.

Radha
ARCTURUS 44:40
Die Energie von Lemurien, Atlantis und La Palma
AMRA Records, 45 Min, € 16,99 [D], ISBN 978-3-95447-012-9

Tom Kenyon
REINE LIEBE VOM ARCTURUS
Klangcodes zur Selbstheilung und Kontaktaufnahme
AMRA Records, 69 Min, € 19,99 [D], ISBN 978-3-95447-143-0

Tom Kenyon
LIGHTSHIP
Transformierende Klänge eines Lichtschiffs vom Arcturus
AMRA Records, 65 Min, € 19,99 [D], ISBN 978-3-939373-43-8

Buchauszüge, Videos und Hörproben auf
www.AmraVerlag.de